社会主义核心价值观主题经典阅读

青春的底色 系列丛书

民主篇

学术指导 / 石中英

主编 / 叶传平 刘劲凤

分册主编 / 洪志鹏

编著 / 洪志鹏 胡静 谢梦园

纵览民主的华章

时代出版传媒股份有限公司
安徽教育出版社

本书部分文字作品稿酬已向中国文字著作权协会提存,敬请相关著作权人联系领取。电话:010-65978917,传真:010-65978926,E-mail:wenzhuxie@126.com。

图书在版编目(CIP)数据

纵览民主的华章 / 叶传平,刘劲凤主编;洪志鹏分册主编;洪志鹏,胡静,谢梦园编著. -- 合肥:安徽教育出版社,2025.6. -- ("青春的底色"系列丛书).
ISBN 978-7-5748-0164-6

Ⅰ.G631.2

中国国家版本馆 CIP 数据核字第 2025F7J601 号

纵览民主的华章
ZONGLAN MINZHU DE HUAZHANG

出 版 人:	王能玉
策划编辑:	李冰冰 汪 琳
责任编辑:	于 芳 黄 玲 胡美娇
装帧设计:	唐 敏 华 伟
责任印制:	陈善军

出版发行:安徽教育出版社
地　　址:合肥市经开区繁华大道西路 398 号　邮编:230601
网　　址:http://www.ahep.com.cn
营销电话:(0551)63683012,63683013
排　　版:安徽时代华印出版服务有限责任公司
印　　刷:安徽联众印刷有限公司

开　本:710 mm×1010 mm　1/16
印　张:9.75
字　数:116 千字
版　次:2025 年 6 月第 1 版
印　次:2025 年 6 月第 1 次印刷
定　价:32.00 元

(如发现印装质量问题,影响阅读,请与本社营销部联系调换)

编委会名单

主　　编　叶传平　刘劲凤
分册主编　洪志鹏
编　　著　洪志鹏　胡静　谢梦园
其他编委　葛守松　侯新旺　李妮

序

最是经典润人心

党的十八大以来,围绕着"内化于心、外化于行"的总目标与"落细、落小、落实"的任务要求,大中小学的社会主义核心价值观教育不断深入,守正创新,多措并举,取得了显著的成就,积累了很多典型的经验,极大增强了青少年一代的社会主义核心价值观认同与文化自信。同时,推动社会主义核心价值观融进中小学课堂教学,为青少年个人的健康成长以及培育德智体美劳全面发展的社会主义建设者和接班人奠定了坚实的基础。

在培育和践行社会主义核心价值观教育的学校教育实践中,教育工作者们始终秉持"为党育人、为国育才"的初心使命,贯彻落实立德树人的根本任务,基于青少年身心发展规律和社会主义核心价值观的形成规律,结合校情学情,深入挖掘传统德育,探索社会主义核心价值观教育的新路径,形成了社会主义核心价值观教育的良好氛围和校园文化。在培育社会主义核心价值观教育途径中,经典阅读得到广泛的应用并受到越来越多学校和教师的青睐。经典阅读作为社会主义核心价值观教育的重要路径，其根本原理在于社会主义核心价值观总是通过各种事件中人们的行为得以显现。价值观作为指引人们行为的正当性观念，它们不能脱离人们的行为而孤立存在，总是渗透、体现在人们的行为之中。我们要了解一个人或一个时代起支配作用的核心价值观，就必须考察那个人、那个时代人们的行为，特别是那些重大事件中人们的行为，从中理解他们或某个时代人们所面临的价值困惑、价值冲突以及所作出的价值抉择。

　　世界各国的教育体系都很重视经典教育，将经典作品作为博雅教育或通识教育的基本内容。之所以经典教育在教育史上有如此长盛不衰的魅力，是因为经典作品是时代的产物，一个时代的价值共识往往沉淀在经典文本中。学生们在经典文本的阅读中，可以通过一些具体的人和事与伟大的精神相遇，感悟兼济天下的情怀、超然物外的自由、卓然独立的人格魅力、慷慨激昂的豪迈品质，以及孤独执着的坚守、感同身受的同情、奔放洒脱的浪漫、大义凛然的不屈等精神的力量，在超越时空的灵魂对话与情感共鸣中，传承一个民族得以生生不息的核心价值观，不断强化自己的民族认同，同时使得个体的价值生命得到丰盈、扩展和持续成长。

　　如何运用好经典阅读这个途径开展价值观教育特别是社会主义核心价值观教育，是一个新课题。指向价值观教育的经典阅读绝不仅仅是以娱乐为主、消遣为要的浅阅读，而是有难度和深度的阅读。在倡导全民阅读的大背景下，很多孩子虽然有海量阅读，但在对作品的深度理解、价值判断以及与作品的情感共鸣等方面的表现并不突出,需要有效的阅读引导。有效的阅读引导并不只是停留在剖析文本基础上的知识传递,而是在问题探究、情感共鸣、思维共振基础上的对话。正是基于这样的实践认识,安徽省合肥市教育科学研究院组织一批来自一线的教师精心编撰了《"青春的底色"系列丛书》,以社会主义核心价值观为引领,以经典阅读为载体,以优化阅读方式为突破口,努力让学生在阅读经典之中享受阅读,在细读经典之中深化阅读,尝试走出一条经典阅读与社会主义核心价值观教育相融合的新路子。

我深信,该丛书的出版将有助于广大教师和家长们更有效地通过经典阅读开展青少年价值观教育特别是社会主义核心价值观教育,为孩子一生的成长及正确价值观的形成奠定基础。

石中英

清华大学教育学院院长

前言

阅读之花自主开放

　　阅读是对精神的滋养，经典是阅读的脊梁。要让青少年学生在人生成长的关键时期得到更多更好的滋养，为未来的发展奠基，就应该引导他们养成良好的阅读习惯，使他们在坚持阅读中受益终身。我们组织优秀教师团队历时近三年，以社会主义核心价值观教育为主旨，以经典阅读为载体，以中学生为主要对象，编撰出版《"青春的底色"系列丛书》。该丛书共 12 册，围绕社会主义核心价值观的 12 个主题词遴选经典文本，旨在传递价值共识，关照价值理性，在青少年中厚植社会主义核心价值观。该丛书得到清华大学教育研究院石中英教授的高度评价，我们将继续优化阅读指导，推动阅读分享，使之成为青少年精神成长的重要帮手。

　　以生为本，与学生对话

　　以生为本，是我们自始至终贯彻的原则。在单册书名、模块标题、板块设计等方面，我们充分征求、听取学生意见。例如，和谐篇《奏响和谐的旋律》、自由篇《扶摇而上九万里》等分册书名，以及"大河论坛""能量站""留言区"等板块都是学生智慧的集中体现。在呈现经典文本的同时，我们根据学生的认知与情感发展实际情况，精准引导学生阅读，启迪求异思维，强化自主阅读。丛书注重阅读引导，将阅读引导分为读前、读中和读后三个部分：读前"叩门引路"，以学生感兴趣的话题或背景故事激发阅读期待；读中注重文本细读，以对话的方式启发学生思考，提升学生阅读能力；读后"见微知著"，突出文本的价值亮点，注重价值观的提炼和升华。

精选篇目，与经典对话

内容选择上，我们以中华优秀传统文化、革命文化、社会主义先进文化为主，遴选优秀作家作品；体例设计上，以阅读任务群的模块化形式呈现，突出学生认知、阅读实际。以友善篇《生命中的那些暖》为例，该书围绕"友善"主题分为"与人为善""与物为春""以善汇友"三个模块，选取《道德经》中的《上善若水》、《论语》中的《温良恭俭让》、《诗经》中的《木瓜》、《国语》中的《里革断罟匡君》、陶渊明的《移居二首》等国学经典，还选取了老舍的《小麻雀》、巴金的《朋友》、路翎的《初雪》、王蒙的《善良》等现当代经典文本。

选编时，我们尽量保留经典文本的原汁原味。但为了给学生提供更加标准、纯净的文字，对于现当代文本或白话小说中个别不符合现代汉语语言规范的地方，编者或做了修改，或随文在括号内予以注解；对于国学经典，我们通过多版本比对，力求为学生提供最好的选择。在阅读中，我们通常以师生对话的形式，激发、提升学生的阅读思辨能力。

注重思辨，与灵魂对话

我们鼓励学生追求深度阅读，尝试引导学生读后说、做中学、思后写，提倡学生将阅读中的思考说出来，将说出来的感受写出来，将写出来的感悟进行交流，促使学生之间能形成彼此交流、相互启迪的学习氛围，希望学生在交流分享中成长。文本总是以静态的方式呈现，怎样变静态为动态，使学生由被动转化为主动？在版式设计中，我们为学生留下发挥的空间，希望学生将自己的所思、所悟、所感及时用圈画或批注的方式记录下来，真实地与心灵交流，与灵魂对话。

在编撰过程中，我们集思广益、博采众长，将坚守学科本位与打破学科壁垒相结合，将社会主义核心价值观教育与落实学科核心素养培育相结合，将提升阅读素养与促进学科教学相结合，将活跃阅读课与丰富常态课相结合，充分调动教师和学生的积极性、主动性、创造性，期待呈现出集腋成裘、厚积薄发的阅读效应。

该丛书也一定存在一些值得商榷的地方，敬请各位老师、同学提出意见与建议，我们一定积极改进、全力完善，为学生爱上阅读、爱好阅读，作出教育人应有的贡献。

合肥市教育科学研究院院长

目录

导言 [1]

民享其权 [3]

以民为本 [6]
  尧舜禅让 [6]
  致万民而询 [9]
  子产不毁乡校 [11]
硕鼠 [14]
讨袁檄文 [17]
庶民的胜利 [21]
记念刘和珍君 [27]
诗二首 [36]
  努力 [36]
  一句话 [39]
大河论坛 [41]
一叶知春 [42]

满园开遍 [43]

就任北京大学校长之演说 [46]

民主校长 [50]

情与理的交响——傅雷同儿子傅聪商议的民主家书 [55]

田寡妇看瓜 [60]

小消息记录的大事情——我在麟游县人大亲身经历的四个第一次 [65]

大河论坛 [69]

一叶知春 [70]

落地生根 [71]

老郭脱贫记——政府兜了底　致富靠自己 [74]

人民需要什么样的代表？ [78]

投下神圣一票选出满意代表
——全国人大机关选民参加西城区人大代表换届选举投票 [82]

立冬·立春——波湖谣（节选） [87]

一名乡镇人大主席履职的二三事 [93]

大河论坛 [100]

一叶知春 [101]

香远益清 [103]

发现 [106]

"有事好商量" [112]

龙须沟（节选）[116]

"历史周期率"与"延安窑洞对话"（节选）[130]

大河论坛 [137]

一叶知春 [138]

导言

纵览民主的华章

"民"的甲骨文字形为 ![],像被刺伤的左眼,用来指代奴隶,后来被用来泛指庶民百姓。"周人初以敌囚为民时,乃盲其左目以为奴征"。"主"字甲骨文字形为 ![],《说文解字》注释为"灯中火"。而对于灯来讲,火头是最主要的,因此"主"被引申为最基本的、最突出的,也可以用作动词,意为掌管、主持。今天,民主是指人民享有的参与国家和社会事务管理的权利或对国事自由发表意见的权利。

回望历史,春秋时期的郑国百姓常聚集在乡间学校议论国事,郑国政治家子产将此作为听取百姓心声的渠道和治理国家的良药。1954年9月,中华人民共和国第一届全国人民代表大会第一次会议召开，正式确立中华人民共和国的根本政治制度——人民代表大会制度，开启了历史的新纪元。

时至今日，全过程人民民主是社会主义民主政治的本质属性，是最广泛、最真实、最管用的民主，贯穿于百姓的日常生活。建立基层立法联系点，修建乡村振兴"致富路"，改造城市老旧小区，科技赋能"菜篮子"工程，实施出门见园、行路有荫的社区绿化自治……这一件件一桩桩都能让我们真切地触摸全过程人民民主的脉搏，感悟全过程人民民主的真谛。

从古至今，人们从未放弃对民主的追求。如何进一步完善民主制度、优化民主实践，是我们必须深入思考的课题。"路漫漫其修远兮，吾将上下而求索"，在中国共产党和中国人民始终不渝地坚持努力下，我们坚信，民主建设的前路一定更加广阔与光明。

民享其权

> 天地之大,黎元为本。
> ——《晋书》

为民：老师，《醉翁亭记》里游人宾客跟随太守欧阳修出游，为什么显得格外快乐、随意呢？换作我呀，面对太守，可一点都不敢"放肆"。

华章老师：这是一个很有趣的问题。大家能一起帮他从文中找出答案吗？

以民："人知从太守游而乐，而不知太守之乐其乐也。"他在出游中能够把百姓的乐趣当作自己的快乐，有着与民同乐的态度，所以百姓才不会觉得拘束。

由民：欧阳修被贬到滁州后，虽然仕途失意，却不忘宽简为政，善待百姓。和这样以民为本的好太守同席，我要是宾客，也会觉得是荣幸。

为民："与民同乐""以民为本"，欧阳修重视百姓，收获了百姓的喜爱，才会让百姓自在而又快乐呀！

华章老师：大家还能想到哪些重视人民的例子呢？

华韵：我想到"先天下之忧而忧"的范仲淹和"为民做主"的包青天，他们的言论和做法其实也都体现了"以民为本"的思想。

纵览民主的华章

我们还学过《十六年前的回忆》，李大钊先生为了人民、为了民主，积极抗争，殒身不恤，让我特别受触动。

华彩

中国共产党提出的"人民当家作主"更是真正的民主，国家广泛、真实地尊重人民的权利，用制度保护着人民的权利！

为民

大家说得特别好！人民的权利既需要人民的奋发，也有赖于制度的保障。让我们一起走进这一模块，了解人民的权利！

华章老师

民享其权

【叩门引路】在国家和社会治理上，中华民族很早就产生了重视民众的思想，并付诸实践，尝试过很多顺应民意、倾听民声的政策和措施。《周礼》《左传》《史记》等典籍中的一些记载，充分展现了中华先民"以民为本"的思想与智慧。

以民为本

尧舜禅让

西汉 司马迁

尧立七十年得舜，二十年而老①，令舜摄②行天子之政，荐之于天。尧辟位凡二十八年而崩。③百姓悲哀，如丧父母。三年，四方莫举乐，以思尧。尧知子丹朱之不肖④，不足授天下，于是乃权⑤授舜。授舜，则天下得其利而丹朱病⑥；授丹朱，则天下病而丹朱得其利。尧曰"终不以天下之病而利一人"，而卒⑦授舜以天下。尧崩，三年之丧毕⑧，舜让辟丹朱于南河之南。诸侯朝觐者不之丹朱而之舜⑨，狱讼⑩者不之丹朱而之舜，讴歌者不讴歌丹朱而讴歌舜。舜曰"天也"，夫而后之中国践天子位焉，是为帝舜。

（选自《史记》，标题为编者所加）

由民：
《史记》的语言特别简洁，文章最后用"诸侯朝觐者……而讴歌舜"这一组对比，一下子就表现出人心向背。

为民：

"授舜，则天下得其利而丹朱病；授丹朱，则天下病而丹朱得其利。"也只用短短一句话就写出了尧在百姓利益和骨肉亲情间权衡的矛盾心理！

华章老师：

这两处"而"都表示转折，自然也就有了对比或权衡的意味，文言文中的虚词意思丰富，这也是文言文简练传神的秘诀之一呢！

【小课堂】陈涉为什么能被选入《史记》中的"世家"？

《史记》是"二十四史"之一，由西汉史学家司马迁撰写，是中国历史上第一部纪传体通史。"纪传体"主要以人物为中心，叙述当时的史实。《史记》主要有三个部分：记录皇帝政绩的称为"本纪"，记录诸侯兴亡的称为"世家"，记录重要人物的言行事迹的称为"列传"。

有意思的是，《史记》中的《陈涉世家》，其主人公明明出身平民，不是诸侯勋贵，却也一样选入"世家"，这是为什么呢？

这是因为司马迁在编写时，更加注重人物在历史上的实际地位和影响力。陈涉首事反秦，是秦朝末年的农民起义军领袖，发起了中国历史上第一次大规模的农民起义，又曾建立张楚政权，因此司马迁给予他重要的历史地位，列入"世家"。

与此类似的还有同在"世家"的孔子，列入"本纪"的项羽和吕后，这些都标示着司马迁对他们历史地位的认识。

【注释】

①老：年老。

②摄：兼理，代理。

③尧辟位凡二十八年而崩：尧让位二十八年后逝世。辟位，退位。凡，总共。崩，指帝王或王后死亡。

④不肖：品行不好（多用于子弟）。

⑤权：暂且，姑且。

⑥病：困苦。

⑦卒：终究，终于，到底。

⑧毕：完毕，结束。

⑨诸侯朝觐者不之丹朱而之舜：诸侯都不去朝见丹朱而来朝见舜。朝觐，泛指朝见天子。之，到，到……去。

⑩狱讼：案件诉讼。狱，官司，案件。

致万民而询

　　小司寇之职，掌外朝①之政，以致②万民而询焉：一曰询国危，二曰询国迁，三曰询立君。

　　其位：王南乡③，三公及州长、百姓北面，群臣西面，群吏东面。小司寇摈以叙进④而问焉，以众辅志而弊谋⑤。

（选自《周礼》，标题为编者所加）

民享其权

华彩：

"南乡""北面""西面""东面"说的是不同人所站的方位，为什么《周礼》中要特别规定这些细则呢？

为民：

我想，人的站位一定程度上反映了人的地位。《周礼》规定"百姓"和"三公""州长"一起，站在"王"的对面，这充分表现出对普通百姓的尊重。

以民：

后文中提到"摈以叙进"，各自的站位决定了他们发言的顺序，《周礼》让百姓在群臣和群吏之前发言，可见人民的想法也是很受重视的！

【注释】

①外朝：在皋门与库门之间。江永曰："外朝在库门外，无宫室，平时臣民得皆往来。"

②致：招致，引起。

③南乡：面向南边。乡，通"向"，面向，朝向。状语后置，即"向南"，后"北面""西面""东面"均同，指面向某个方位。

④摈以叙进：摈，通"傧"，接引宾客。叙，次序，秩序。

⑤以众辅志而弊谋：用众人的智慧辅助王的思虑而进行谋断。

子产①不毁乡校

郑人游于乡校②，以论执政。然明③谓子产曰："毁乡校何如④？"子产曰："何为⑤？夫人朝夕退而游焉，以议执政之善否⑥。其所善者，吾则行之；其所恶者，吾则改之，是吾师也。若之何毁之？我闻忠善以损怨，不闻作威以防怨⑦。岂不遽止⑧？然犹防川⑨。大决所犯⑩，伤人必多，吾不克⑪救也。不如小决使道⑫，不如吾闻而药⑬之也。"然明曰："蔑也今而后知吾子之信可事也。⑭小人实不才，若果行此，其郑国实赖⑮之，岂唯二三臣？"

仲尼闻是语也，曰："以是观之，人谓子产不仁，吾不信也。"

（选自《左传》，标题为编者所加）

民享其权

华韵：

这里明明是然明向子产提问，子产却反过来问了然明问题，这是为什么呢？

华彩：

子产首先反问"何为"，借机点明乡校的功能；又问"若之何毁之"，论述如何正确对待百姓的怨气。表面是问，实际是答。

为民：

后面还用"岂不遽止"的设问，向对方解释废弃乡校的恶劣后果。子产能由眼前之事，上升为理政之道，正反论述，足见其思想之深刻与周密！

【故事汇】

郑子产将阻止老百姓说话比喻成堵塞河川，治理河川要因势利导，治理百姓也应如此，要让老百姓说话，听取老百姓建议。这个比喻源自先秦左丘明所著的《国语》："防民之口，甚于防川。"

周厉王是西周的一个暴君，独断专横。召穆公劝谏周厉王"民不堪命矣"，其意思是老百姓快受不了你的政策了。周厉王不但不思悔改，反而只要发现有人批评他，就派人把议论他的人抓回来处死。周厉王采取了这样残酷的压制舆论的措施，以至于"国人莫敢言，道路以目"。即人们在路上遇到了，都不敢交谈，只能用眼睛示意。大家再也不批评他，这看起来风平浪静。周厉王很自满，他觉得这种状态很好。他对召穆公说："吾能弭谤矣，乃不敢言。"意思是我能停止他们批评我了，他们已经不敢说话了。召穆公说，你这不是在解决问题，这好比是治水的时候，把水堵起来一样。如果你把水堵起来，它就会越积越多，最后决口，决口之后会伤害更多的人。所以善于治水的人，一定是把这个河流疏通了，让水流出去。善于治理老百姓，一定是让老百姓把自己的真实看法表达出来。周厉王还是不听，后激起民变，被轰下台流放到晋国。

【注释】

①子产：春秋时期著名政治家、思想家，姬姓，字子产，是郑穆公之孙。

②乡校：乡间的公共场所，既是学校，又是乡人聚会议事场所。

③然明：春秋时期郑国大夫鬷（zōng）蔑，字然明。

④毁乡校何如：废除乡校，您觉得怎么样呢？毁，废除。何如，怎么样。

⑤何为：宾语前置，即"为何"，为什么。

⑥夫人朝夕退而游焉，以议执政之善否：人们早晚干完活儿回来到乡校走走，议论一下施政措施的好坏。善否（pǐ）：好和不好。

⑦若之何毁之？我闻忠善以损怨，不闻作威以防怨：为什么要废除它呢？我听说要多行善事以减少怨恨，没听说靠威势可以防怨恨。若之何：为什么。损：减少。

⑧遽（jù）止：立即停止。

⑨防川：堵塞河流。

⑩大决所犯：大的决堤所造成的损害。犯，损害。

⑪克：能够。

⑫道：同"导"，疏通，引导。

⑬药：当作治病的药石。

⑭蔑也今而后知吾子之信可事也：我从现在起才知道您确实可以成大事。信：确实，实在。

⑮赖：依靠。

【见微知著】

禅让制选贤与能，注重百姓意愿；周代的小司寇，广泛而礼貌地征集民众意见，将之作为决策国家大事的依据；郑国国君郑子产不毁乡校，为百姓保留自由言论的场地。"民为邦本，本固邦宁"，百姓安宁，国家才能安定，国家的治理要倾听百姓的声音。中华传统文化中的民主因素在中国古代的国家治理实践中发挥了巨大作用，这些实践和理念对今天的民主建设有着重要价值和借鉴意义。

【叩门引路】 民歌由老百姓创作，反映老百姓的心声。为了观风俗，知民情，古代统治者会派遣专人到各地采集民歌，被称为采风。"风"即民歌，"采风"即搜集民歌。古代的采风制度可以使统治者了解民情，也使广大人民有途径向上反映自己的心声。我国第一部诗歌总集《诗经》中的《国风》收录的就是来自各地的民间歌谣。

周朝的老百姓不满于剥削者的不劳而获，编了一首民歌对其进行讽刺，当时的采诗官在民间采风时，把这首民歌记录了下来。

硕鼠①

硕鼠硕鼠，无食我黍②！三岁贯女，莫我肯顾。③
逝将去女，适彼乐土。④乐土乐土，爰得我所⑤！

硕鼠硕鼠，无食我麦！三岁贯女，莫我肯德⑥。
逝将去女，适彼乐国⑦。乐国乐国，爰得我直⑧！

硕鼠硕鼠，无食我苗！三岁贯女，莫我肯劳⑨。
逝将去女，适彼乐郊。乐郊乐郊，谁之永号⑩！

（选自《诗经》）

纵览民主的华章

华章老师：

孔子认为诗歌有兴、观、群、怨四大功能。"兴"指感发性情的审美功能，"观"指考见得失的认识功能，"群"指增进人们互相了解的团结功能，"怨"指表达不满的批评功能。你们能结合这首诗，说说对这四大功能的理解吗？

为民：

老百姓通过这首诗表达对剥削者的不满，体现了"怨"的批评功能。

读者留言：

民享其权

【注释】

①硕鼠：大老鼠。一说是专吃谷物的大田鼠。

②无食我黍：不要吃我种的黍。无，通"毋"，不要。黍，一种农作物，籽实去皮就是黄米。

③三岁贯女，莫我肯顾：多年侍奉你，你却不肯照顾我。三岁，不是确指，这里指多年。贯，服侍，侍奉。女，通"汝"，你，你们。莫我肯顾，宾语前置，即"莫肯顾我"。

④逝将去女，适彼乐土：痛下决心要远离你，到那欢乐的地方去。逝，通"誓"，痛下决心。去，远离，离开。适，到，往。

⑤爰得我所：才是我理想的去处。爰，乃，于是。所，适当的位置，理想的去处。

⑥德：感谢恩德，报恩。
⑦国：地区，地域。
⑧直：通"值"，价值。
⑨劳：犒赏，慰劳。
⑩谁之永号：谁还悲叹长呼号。之，往，到。永，长。

【邀你读书】

中国是诗的国度，而《诗经》是中国第一部诗歌总集。观览《诗经》，你可以从西周至春秋时期的民间歌谣和官方雅乐中，看见当时的社会风貌、民俗风情，进而了解祖辈们的所思所想。欣赏《诗经》，你可以学到赋、比、兴等表现手法，可以感受语言的简练与意蕴的深远，从而领悟先人们表达情思的智慧。

孔子曾说："小子何莫学夫《诗》？"今天的你我，作为晚生后辈，也不妨遵循圣人之教，从《诗经》中聆听那千年前的声音。

【见微知著】

这首诗用形象通俗的比喻控诉剥削者贪得无厌的同时，也抒发了对美好生活的向往，这种强烈的对比展示了人民对公平与正义的渴望，反映出他们在长期的生活和斗争中逐渐觉醒的社会理想。正是这种理想，启发和鼓舞着劳动人民为挣脱压迫与剥削而不断斗争。民众通过创作诗歌这种方式，实质上是表达不满和诉求，展现了文化层面上的民主实践。因此，《硕鼠》不仅是一首表达怨气的诗，还是人民争取自身权利和尊严的有力证明。

【叩门引路】 1912年，袁世凯篡夺了辛亥革命的果实，就任中华民国临时大总统，临时政府迁往北京。临时政府正式迁京后，以袁世凯为首的北洋军阀建立起来。袁世凯对内镇压国民党，对外出卖国家主权。孙中山号召武力讨袁，"二次革命"发生了。由于国民党力量涣散，北洋军力量强大，"二次革命"很快失败。袁世凯镇压"二次革命"后，开始了复辟帝制的活动，孙中山再次组织武力讨袁，护国运动爆发。孙中山曾多次发表讨袁宣言和檄文，声讨袁世凯的罪行，并坚持进行讨袁斗争。后来袁世凯被迫取消帝制，在绝望中死去。

民享其权

讨袁檄文[①]

近现代 孙中山

　　壬子之二月，国民悯搆兵[②]之惨，许清室旧臣自新，竭诚志以临时政府付袁世凯，四海之内，莫不走相告曰：息兵安民，以事建设，是大仁大义举也。吾民既竭诚以望袁，今袁所报民者何如哉？辛亥之役，流血万里，人尽好生，何为而然？若知袁之暴戾更甚于清，则又何苦膏血万户[③]，以博一人皇帝之雄哉！所以[④]宁死而不悔者，誓与共和相始长耳。

华彩：

"何如哉""何为而然""何苦……哉"，这一连串的问句站在人民的立场上，强烈地谴责了袁世凯称帝的行为，读起来特别有气势！

> **为民：**
> 我想孙先生用"若知"这样的假设句式，也隐含着他对之前所作决策的深深后悔，这才有了下文他决心用斗争迎回民主共和的誓言。

今袁背弃前盟，暴行帝制，解散自治会，而闾阎⑤无安民矣；解散国会，而国家无正论矣；滥用公款，谋杀人才，而陷国家于危险之地位矣；假民党狱⑥，而良懦多为无辜矣。有此四者，国无不亡！国亡则民奴⑦，独袁与二三附从之奸，尚可执挺衔璧⑧以保富贵耳。呜呼！吾民何不幸，而委此国家生命于袁氏哉！自袁为总统，野有饿莩⑨，而都下之笙歌不彻；国多忧患，而郊祀之典礼未忘。万户涕泪，一人冠冕，其心尚有"共和"二字存耶？既忘共和，即称民贼。吾侪昔以大仁大义铸此巨错，又焉敢不犯难，誓死戮此民贼，以拯吾民。

> **华章老师：**
> "矣"作为语气词放在句末，往往是为了表达情感。这一段开头罗列了袁世凯的四条罪状，都用语气词"矣"结尾。它们表达了作者什么样的情感呢？

今长江大河，万里以内，武汉京津，扼要⑩诸军，皆已暗受旗帜，磨剑以待。一旦义旗起，呼声动天地。当以秦陇一军，出关北指；川楚一军，规画中原；闽粤旌旗横海，合齐鲁以捣京左。三军既兴⑪，我将与诸君子扼扬子江口，定苏浙，以树东南之威。掣庭扫穴⑫，共戮国贼，期可指日待焉。书⑬曰："民惟邦本，本固邦宁。"⑭又曰："纣有臣亿万，惟亿万心。予有臣三千，惟一心。"⑮正义所至，何坚不破？愿与爱国之豪俊共图⑯之！

孙文檄文。印。

【故事汇】

公元前1046年，武王伐纣，在盟津（今河南省洛阳市孟津区）大会诸侯。武王向广大诸侯誓师，立下共同征伐商纣的誓言。这个誓言被称作《泰誓》。在这篇誓词中，周武王首先列举了商纣王的种种罪行，继而说明伐纣是符合天命、民意的，所以必然会取得胜利。

《泰誓》中的名句"纣有臣亿万，惟亿万心。予有臣三千，惟一心"，直接指出商纣人虽多，但心不齐；而武王的所作所为，旨在佑民，人虽少，却团结一心。所以武王伐纣，必然能取得胜利。孙中山引用这一名句，鲜明地体现了对民心向背的重视，也表现出不因敌军势众而退缩的勇毅。

【注释】

①檄文（xí wén）：指古代用于晓谕、征召、声讨等的文书，特指声讨敌人或叛逆的文书。

②媾兵（gòu bīng）：交兵，交战。

③膏血万户：让千万人民出力流血。膏血，（人的）脂肪和血液。

④所以：表示因果关系，也说之所以。

⑤闾阎（lú yán）：平民居住的地区，借指民间。

⑥假民党狱：党狱，本指逮捕、杀戮反对党成员。此处指以此为借口，祸害百姓。

⑦国亡则民奴：国家破亡则百姓将受到奴役。

⑧执挺衔璧：指以国君身份公然投降帝国。执挺，手执梃杖，指持梃作仪卫前导。衔璧，指国君投降。

⑨饿莩（piǎo）：饿死的人。

⑩扼要：占据或控制要冲。

⑪兴：发动。

⑫犁庭捣穴：又作"犁庭扫穴"，比喻彻底摧毁敌方。

⑬书：指《尚书》。

⑭民惟邦本，本固邦宁：人民才是国家的根基，根基牢固，国家才能安宁。出自《尚书·五子之歌》。

⑮予有臣三千，惟一心：纣王暴虐无道，有亿万臣民，却不能齐心。我（武王）虽然只有三千臣民，却能合为一心。出自《尚书·泰誓》。

⑯图：谋取，谋划。

【见微知著】孙中山先生是中国推翻封建帝制第一人，他的这篇檄文直指妄图复辟称帝的袁世凯，号召全国的爱国豪杰奋起反抗，推翻帝制，击败倒行逆施的奸贼，建立统一、民主的共和国。在这篇檄文的鼓舞下，护国战争爆发，在护国军暴风骤雨般的进攻下，帝制被迫取消。从这一历史事件中，我们看到了人民对"民主"的渴望，更看到了广大人民群众对自身权利的追求！拳拳为国心，溢于言表；凛凛浩然气，出乎笔端。让我们一起用最激昂的语调、最饱满的情感大声地读一读这一篇民主的战斗文章吧！

【叩门引路】

1918年11月底，北京的天气已经很冷了。北风所到之处一片萧瑟沉寂。恰在此时，第一次世界大战胜利的消息传入国内，这个古老多难的国家为之一振。李大钊在紧邻天安门城楼的中山公园（原中央公园）的来今雨轩发表了激情澎湃的演讲《庶民的胜利》。那一天，在场亲耳聆听的有毛泽东、赵世炎等进步青年，听完演讲，他们热血沸腾，夜不能寐。让我们诵读此文，一同领略那个时代振聋发聩的声音。

庶民的胜利

近现代 李大钊

民享其权

我们这几天庆祝战胜，实在是热闹得很。可是战胜的，究竟是哪一个？我们庆祝，究竟是为哪个庆祝？我老老实实讲一句话，这回战胜的，不是联合国的武力，是世界人类的新精神。不是哪一国的军阀或资本家的政府，是全世界的庶民。我们庆祝，不是为哪一国或哪一国的一部分人庆祝，是为全世界的庶民庆祝。不是为打败德国人庆祝，是为打败世界的军国主义庆祝。

华彩：这一段中多次使用"不是……是……"的句子，感情强烈！

华章老师：
反复使用"不是……是……"这样的句式，厘清误解，让大众跳出为部分战胜国庆祝的常规思维，更新大家对一战胜利的认识。

> **为民**：所有的"是"都是对"不是"部分的升华！这样的句式发人深省。

这回大战，有两个结果：一个是政治的，一个是社会的。

政治的结果，是"大……主义"失败，民主主义战胜。我们记得这回战争的起因，全在"大……主义"的冲突。当时我们所听见的，有什么"大日尔曼主义"咧，"大斯拉夫主义"咧，"大塞尔维主义"咧，"大……主义"咧。我们东方，也有"大亚细亚主义""大日本主义"等等名词出现。我们中国也有"大北方主义""大西南主义"等等名词出现。"大北方主义""大西南主义"的范围以内，又都有"大……主义"等等名词出现。这样推演下去，人之欲大，谁不如我？于是两大的中间有了冲突，于是一大与众小的中间有了冲突，所以境内境外战争迭起，连年不休。

"大……主义"就是专制的隐语，就是仗着自己的强力蹂躏他人欺压他人的主义。有了这种主义，人类社会就不安宁了。大家为抵抗这种强暴势力的横行，乃靠着互助的精神，提倡一种平等自由的道理。这等道理，表现在政治上，叫作民主主义，恰恰与"大……主义"相反。欧洲的战争，是"大……主义"与民主主义的战争。我们国内的战争，也是"大……主义"与民主主义的战争。结果都是民主主义战胜，"大……主义"失败。民主主义战胜，就是庶民的胜利。

> **华彩**：
> 这些"大……主义"读起来好拗口呀！演讲的时候应该要读慢一点，才能让人听清吧？

为民：
李大钊先生罗列出这么多"大……主义"，就是要写出"人之欲大，谁不如我"的乱象，中间还用了"有什么……咧"这样口语化的句式，更体现出他对这些主义的不认可。我想还是要读快一些才能表达这层意味。

社会的结果，是资本主义失败，劳工主义战胜。原来这回战争的真因，乃在资本主义的发展。国家的界限以内，不能涵容他的生产力，所以资本家的政府想靠着大战，把国家界限打破，拿自己的国家做中心，建一世界的大帝国，成一个经济组织，为自己国内资本家一阶级谋利益。俄、德等国的劳工社会，首先看破他们的野心，不惜在大战的时候，起了社会革命，防遏这资本家政府的战争。联合国的劳工社会，也都要求平和，渐有和他们的异国的同胞取同一行动的趋势。这亘古未有的大战，就是这样告终。这新纪元的世界改造，就是这样开始。资本主义就是这样失败，劳工主义就是这样战胜。世间资本家占最少数，从事劳工的人占最多数。因为资本家的资产，不是靠着家族制度的继袭，就是靠着资本主义经济组织的垄断，才能据有。这劳工的能力，是人人都有的，劳工的事情，是人人都可以作的，所以劳工主义的战胜，也是庶民的胜利。

华彩：
这里作者连用四个"就是"，读起来特别有气势，我一下子就感受到了演讲的激情！

民主主义、劳工主义既然占了胜利，今后世界的人人都成了庶民，也就都成了工人。我们对于这等世界的新潮流，应该有几个觉悟：第一，须知一个新命的诞生，必经一番苦痛，必冒许多危险。有了母亲诞孕的劳苦痛楚，才能有儿子的生命。这新纪元的创造，也是一样的艰难。这等艰难，是进化途中所必须经过的，不要恐怖，不要逃避的。第二，须知这种潮流，是只能迎，不可拒的。我们应该准备怎么能适应这个潮流，不可抵抗这个潮流。人类的历史，是共同心理表现的记录。一个人心的变动，是全世界人心变动的征几。一个事件的发生，是世界风云发生的先兆。一七八九年的法国革命，是十九世纪中各国革命的先声。一九一七年的俄国革命，是二十世纪中世界革命的先声。第三，须知此次和平会议中，断不许持"大……主义"的阴谋政治家在那里发言，断不许有带"大……主义"臭味，或伏"大……主义"根蒂的条件成立。即或有之，那种人的提议和那种条件，断归无效。这场会议，恐怕必须有主张公道破除国界的人士占列席的多数，才开得成。第四，须知今后的世界，变成劳工的世界，我们应该用此潮流为使一切人人变成工人的机会，不该用此潮流为使一切人人变成强盗的机会。凡是不作工吃干饭的人，都是强盗。强盗和强盗夺不正的资产，也是一种的强盗，没有什么差异。我们中国人贪惰性成，不是强盗，便是乞丐，总是希图自己不作工，抢人家的饭吃，讨人家的饭吃。到了世界成一大工厂，有工大家作，有饭大家吃的时候，如何能有我们这样贪惰的民族立足之地呢？照此说来，我们要想在世界上当一个庶民，应该在世界上当一个工人。诸位呀！快去作工呵！

《新青年》第 5 卷第 5 号
1919 年 1 月

华章老师：

作者提出的四个觉悟点明了历史发展的艰难与必然、继续前进的要求与走向，你能结合所学历史知识谈谈对这四个觉悟的理解吗？

以民：

"这等艰难，是进化途中所必须经过的"，这句话让我想到辛亥革命、抗日战争等一系列斗争中英勇献身的人们，他们就是在贯彻这一觉悟。

读者留言：

华章老师：

请你们说一说《庶民的胜利》这篇演讲稿体现了演讲的哪些特点呢？

为民：

主题很鲜明！演讲就是围绕"庶民的胜利"这一核心主题展开的，强调了庶民在历史进程中的重要作用。

华彩：

情感也很真挚！李大钊先生在讲述庶民的故事中，不断地表达对庶民的敬意和感激之情，能够使听众产生共鸣。

为民：

李大钊先生用了很多生动的例子和形象的比喻，不仅通俗易懂，而且具有强烈的感染力，能够打动听众的心。

民享其权

【小课堂】演讲有哪些技巧?

1. 演讲者考虑清楚演讲的目的、听众的期望和准备的时长,尽量了解听众的背景、经历和可能的兴趣点。
2. 演讲稿内容充实、结构清晰、构思精巧、尽量简短。
3. 演讲者在演讲中展现激情,重视演讲刚开始的两三分钟。
4. 演讲者与听众有目光交流,适当利用手势和变换语调,放慢语速说清楚。

纵览民主的华章

【见微知著】李大钊先生将一战的胜利归结为民主主义的胜利,称之为"庶民的胜利""劳工主义的战胜",这是他对人民创造历史的认识,是马克思主义人民史观的生动写照,充分体现出了他敏锐的政治洞察力和高瞻远瞩的历史眼光。而我们更应注意到,"庶民的胜利",源自人民的斗争,"民主"不能通过"等靠要"的方式取得,唯有自主奋发,才能保障人民的权利。吾辈青年,更应继承先辈宏志,有序参与全过程人民民主实践,做新时代的奋斗者,为将来参与民主生活奠定基础。

【叩门引路】

1926年,天津大沽口事件后,日本联合英美等八国于3月16日向北洋军阀段祺瑞执政府提出撤除津沽防务的所谓最后通牒,激起中国人民极大愤慨。3月18日,刘和珍及一批青年学生欣然前往、毅然请愿,却不幸被段祺瑞反动政府残忍杀害,为争取国家民主献出了宝贵的生命。鲁迅先生撰文纪念,称赞她是"为中国而死的中国的青年"!民主的史册上永远会留存她的笑影。

记念刘和珍君

近现代 鲁迅

一

中华民国十五年三月二十五日,就是国立北京女子师范大学为十八日在段祺瑞执政府前遇害的刘和珍杨德群两君开追悼会的那一天,我独在礼堂外徘徊,遇见程君,前来问我道,"先生可曾为刘和珍写了一点什么没有?"我说"没有"。她就正告我,"先生还是写一点罢;刘和珍生前就很爱看先生的文章。"

这是我知道的,凡我所编辑的期刊,大概是因为往往有始无终之故罢,销行一向就甚为寥落,然而在这样的生活艰难中,毅然预定了《莽原》全年的就有她。我也早觉得有写一点东西的必要了,这虽然于死者毫不相干,但在生者,却大抵只能如此而已。倘使我能够相信真有所谓"在天之灵",那自然可以得到更大的安慰,——但是,现在,却只能如此而已。

可是我实在无话可说。我只觉得所住的并非人间。四十多个青年的血,洋溢在我的周围,使我艰于呼吸视听,那里还能有什么言语?长歌当(dàng)哭,是必须在痛定之后的。而此后几个所谓学者文人的阴险的论调,尤使我觉得悲哀。我已经出离愤怒了。我将深味这非人间的浓黑的悲凉;以我的最大哀痛显示于非人间,使它们快意于我的苦痛,就将这作为后死者的菲薄的祭品,奉献于逝者的灵前。

【小课堂】为何鲁迅称《莽原》"有始无终"?

《莽原》是鲁迅主编的一种文艺刊物,于1925年4月在北京创刊,为周刊,附于《京报》发行,共出32期。1926年1月改为半月刊,单独出版,共出48期,1927年12月《莽原》半月刊出至第2卷第24期停刊。所以鲁迅先生自言其"有始无终"。

鲁迅先生之所以主张创办《莽原》,有更深层次的社会背景——"我早就希望中国的青年站出来,对于中国的社会、文明,都毫无忌惮地加以批评",所以《莽原》从创刊起,就显示着它战斗的态度。这战斗的姿态在当时的文坛显出勃勃的生气。因此,订购《莽原》的刘和珍也明显是一位思想进步的青年学生。

二

真的猛士,敢于直面惨淡的人生,敢于正视淋漓的鲜血。这是怎样的哀痛者和幸福者?然而造化又常常为庸人设计,以时间的流驶,来洗涤旧迹,仅使留下淡红的血色和微漠的悲哀。在这淡红的血色和微漠的悲哀中,又给人暂得偷生,维持着这似人非人的世界。我不知道这样的世界何时是一个尽头!

我们还在这样的世上活着;我也早觉得有写一点东西的必要了。离三月十八日也已有两星期,忘却的救主快要降临了罢,我正有写一点东西的必要了。

以民:

当时的中国还有那么多人生活在黑暗之中,这些真的猛士直面惨淡的人生,也正是为水深火热中的人民而哀痛。

为民:

他们拥有坚定的信仰,并为之付出努力,最终为国为民而牺牲,为改变人民的命运而牺牲。

三

在四十余被害的青年之中,刘和珍君是我的学生。学生云者,我向来这样想,这样说,现在却觉得有些踌躇了,我应该对她奉献我的悲哀与尊敬。她不是"苟活到现在的我"的学生,是为了中国而死的中国的青年。

她的姓名第一次为我所见,是在去年夏初杨荫榆女士做女子师范大学校长,开除校中六个学生自治会职员的时候。其中的一个就是她;但是我不认识。直到后来,也许已经是刘百昭率领男女武将,强拖出校之后了,才有人指着一个学生告诉我,说:这就是刘和珍。其时我才能将姓名和实体联合起来,心中却暗自诧异。我平素想,能够不为势利所屈,反抗一广有羽翼的校长的学生,无论如何,总该是有些桀骜锋利的,但她却常常微笑着,态度很温和。待到偏安于宗帽胡同,赁屋授课之后,她才始来听我的讲义,于是见面的回数就较多了,也还是始终微笑着,态度很温和。待到学校恢复旧观，往日的教职员以为责任已尽，准备陆续引退的时候，我才见她虑及母校前途，黯然至于泣下。此后似乎就不相见。总之，在我的记忆上，那一次就是永别了。

四

我在十八日早晨，才知道上午有群众向执政府请愿的事；下午便得到噩耗，说卫队居然开枪，死伤至数百人，而刘和珍君即在遇害者之列。但我对于这些传说，竟至于颇为怀疑。我向来是不惮以最坏的恶意，来推测中国人的，然而我还不料，也不信竟会下劣凶残到这地步。况且始终微笑着的和蔼的刘和珍君，更何至于无端在府门前喋血呢？

然而即日证明是事实了，作证的便是她自己的尸骸。还有一具，是杨德群君的。而且又证明着这不但是杀害，简直是虐杀，因为身体上还有棍棒的伤痕。

但段政府就有令，说她们是"暴徒"！

但接着就有流言，说她们是受人利用的。

惨象，已使我目不忍视了；流言，尤使我耳不忍闻。我还有什么话可说呢？我懂得衰亡民族之所以默无声息的缘由了。沉默呵，沉默呵！不在沉默中爆发，就在沉默中灭亡。

五

但是，我还有要说的话。

我没有亲见；听说，她，刘和珍君，那时是欣然前往的。自然，请愿而已，稍有人心者，谁也不会料到有这样的罗网。但竟在执政府前中弹了，从背部入，斜穿心肺，已是致命的创伤，只是没有便死。同去的张静淑君想扶起她,中了四弹,其一是手枪,立仆;同去的杨德群君又想去扶起她,也被击,弹从左肩入,穿胸偏右出,也立仆。但她还能坐起来,一个兵在她头部及胸部猛击两棍,于是死掉了。

由民:
执政府说这些学生是暴徒,但是这与子弹"从背部入",明显是矛盾的。学生不是在冲击执政府,而是被人从背后偷袭乃至追杀。

以民:
张静淑君中了四枪,其中还有手枪。我记得以前看的电视剧里,只有军官才会带手枪,这说明残杀请愿群众是有指挥、有预谋的行动。

始终微笑的和蔼的刘和珍君确是死掉了,这是真的,有她自己的尸骸为证;沉勇而友爱的杨德群君也死掉了,有她自己的尸骸为证;只有一样沉勇而友爱的张静淑君还在医院里呻吟。当三个女子从容地转辗于文明人所发明的枪弹的攒射中的时候,这是怎样的一个惊心动魄的伟大呵!中国军人的屠戮妇婴的伟绩,八国联军的惩创学生的武功,不幸全被这几缕血痕抹杀了。

但是中外的杀人者却居然昂起头来,不知道个个脸上有着血污……

六

时间永是流驶,街市依旧太平,有限的几个生命,在中国是不算什么的,至多,不过供无恶意的闲人以饭后的谈资,或者给有恶意的闲人作"流言"的种子。至于此外的深的意义,我总觉得很寥寥,因为这实在不过是徒手的请愿。人类的血战前行的历史,正如煤的形成,当时用大量的木材,结果却只是一小块,但请愿是不在其中的,更何况是徒手。

为民:
作者先用"煤""木材"比喻人类的进步与奉献牺牲的关系,人类总要付出巨大的代价才能取得一小步的前进;接着又说"但请愿是不在其中的,更何况是徒手",那作者对徒手请愿究竟持怎样的态度呢?

华章老师:
一个"但"字的转折,表明鲁迅先生一方面不赞成"刘和珍们"去徒手请愿,另一方面是对她的同情。民主一定要靠斗争才能实现,但要注意斗争的方式。流血牺牲已经是极大的代价,白白牺牲则更不可取。

然而既然有了血痕了,当然不觉要扩大。至少,也当浸渍了亲族,师友,爱人的心,纵使时光流驶,洗成绯红,也会在微漠的悲哀中永存微笑的和蔼的旧影。陶潜说过,"亲戚或余悲,他人亦已歌,死去何所道,托体同山阿。"倘能如此,这也就够了。

七

我已经说过:我向来是不惮以最坏的恶意来推测中国人的。但这回却很有几点出于我的意外。一是当局者竟会这样地凶残,一是流言家竟至如此之下劣,一是中国的女性临难竟能如是之从容。

我目睹中国女子的办事,是始于去年的,虽然是少数,但看那干练坚决,百折不回的气概,曾经屡次为之感叹。至于这一回在弹雨中互相救助,虽殒身不恤的事实,则更足为中国女子的勇毅,虽遭阴谋秘计,压抑至数千年,而终于没有消亡的明证了。

倘要寻求这一次死伤者对于将来的意义，意义就在此罢。

　　苟活者在淡红的血色中，会依稀看见微茫的希望；真的猛士，将更奋然而前行。

　　呜呼，我说不出话，但以此记念刘和珍君！

四月一日。

华章老师：

文章开头结尾反复强调自己"无话可说""说不出话"，他为什么说不出话呢？

华彩：

第三自然段说"可是我实在无话可说"，继而就想到了四十多个青年的牺牲，我想他是因为刘和珍等烈士的牺牲过于悲痛，所以说不出话。

以民：

后面还写到学者文人的阴险论调，想必是有人迎合政府，想要掩盖真相，鲁迅先生"出离愤怒"，所以被气得说不出话。

华章老师：

鲁迅先生的每一次言说，都有着十足的力量。咱们再一起看看，他还在哪些段落表现出言说的欲望呢？除了刘和珍等烈士，他还提到了反动政府、无耻文人、无聊庸人，对这些人，鲁迅先生又想说些什么呢？

读者留言：

民享其权

【小课堂】鲁迅为什么要化用陶渊明的《挽歌诗》呢？

陶渊明的《挽歌诗》有三首，是一组非常独特的作品。他在诗中虚构了自己死后的情况，以亡魂的口吻安慰亲友不必悲伤，借此表达了自己对生死的通脱与淡然。

鲁迅先生引用的是其中第三首，全诗曰：

> 荒草何茫茫，白杨亦萧萧。
> 严霜九月中，送我出远郊。
> 四面无人居，高坟正崔嵬。
> 马为仰天鸣，风为自萧条。
> 幽室一已闭，千年不复朝。
> 千年不复朝，贤达无奈何。
> 向来相送人，各自还其家。
> 亲戚或余悲，他人亦已歌。
> 死去何所道，托体同山阿。

最后四句的意思是：亲族们有的余哀未尽，别的人也已经唱过挽歌。人死了还有什么可说，不过是寄托躯体于山陵，最终和山陵同化而已。陶渊明呈现的是一种坦然达观的态度，后人引用这几句诗则常用来表达对死者的伤怀之情。

而鲁迅先生引用这首诗，有青山埋忠骨之意，寄托了愿死者与青山同在的深挚感情，情感丰富，意蕴深沉。

【见微知著】

刘和珍定购《莽原》的毅然让我们看到她思想的进步性，忧虑母校的黯然让我们看到她崇高的责任感，前往请愿的欣然更让我们看到中国青年的勇毅与担当。鲁迅先生写作这篇文章，则是秉笔直书，记录时事，歌颂烈士，抨击黑暗。我们今日能够真切地感受身为人民所享有的权利，离不开这些先辈们的不懈追求与抗争。民主来之不易，我辈更当珍惜！

民享其权

【叩门引路】朱自清与闻一多都是我国著名的爱国文人。爱护国家，首先是要把自己当作国家的主人，只有这样才会义无反顾地为国家担忧、努力、奉献。五四运动前后，新的思想开始传播，他们把对民主的深深期盼化作一次次的"努力"，把对祖国的万千热爱也汇聚成"一句话"，人民在行使自己的权利，为建设更好的国家努力奋斗！

诗二首

努力

现代 朱自清

河的中流，
一只渔船荡着。
桨师坐在船头，
两眼向天望着。
"呀！天变了，
风暴给我撞着！……
看他雨横风狂，
只好划开船让着！"
容你让么？
船身儿不住的前后躺着。
"不让了！"

纵览民主的华章

尽向浪头上飔着……
船呢？
往前了，和波涛抢着！
"有趣啊！有趣啊！"
桨师口中唱着。
沸腾的浪花里，
忽隐忽现的两枝桨儿荡着。
哦！远了，远了，
只见一点影儿一起一落地漾着！
努力！努力！
你们自己的世界，你们在创着！
努力！努力！
直到死了，在洪流里葬着！

华章老师：

这首诗写于 1920 年 3 月，其中桨师、船只、中流、风暴等形象各有寄寓，你是怎么理解的？桨师坚持努力、殒身不恤的行为，又给你怎样的启示？

读者留言：

插画 陈慧琴

一句话

现代 闻一多

有一句话说出就是祸,
有一句话能点得着火。
别看五千年没有说破,
你猜得透火山的缄默?
说不定是突然着了魔,
突然青天里一个霹雳
爆一声:
"咱们的中国!"
这话教我今天怎样说?
你不信铁树开花也可,
那么有一句话你听着。
等火山忍不住了缄默,
不要发抖,伸舌头,顿脚,
等到青天里一个霹雳
爆一声:
"咱们的中国!"

华韵:

"这话教我今天怎样说?你不信铁树开花也可",这里用"我"和"你"的人称,特别有对话感,好像是作者在和读者辩驳一样。

民亨其权

为民：
辩驳的终点落在了"咱们的中国"，可见不论"你""我"，都有着同一个祖国，也都有着为国自豪的热情与为国奉献的责任。

【邀你读书】

闻一多是中国现代诗人、民主战士，也是现代文学史上的一面大旗。他曾让敌人恨之入骨，又让众多爱国青年心生向往。在《最后一次演讲》中，闻一多慷慨陈词、殒身不恤的风范，更是让一代代学生为之动容。

读其文，可想见其为人。闻一多曾说："诗人主要的天赋是爱，爱他的祖国，爱他的人民。"《闻一多诗选》中熔铸了他强烈的民族感情与爱国情感。

纵览民主的华章

【见微知著】

身处晦暗的年代，面对动荡的时局，朱自清与闻一多都直面着家国的惨淡，发出青年的呼声。这同样也是无数中国青年独立自主、拼搏奋斗，寻求民族独立解放的无悔选择。"从来就没有什么救世主，也不靠神仙皇帝"，唯有人民自主的努力，才能够绽放新的光明。依靠自己的力量，行使人民的权利，呼唤崭新的明天，是那一代追求者经过深刻的理性思考和无数次痛苦的实践所得出的新答案，是"民主"在五四运动之际迸发的强音。

【大河论坛】

"学而不思则罔,思而不学则殆。"在阅读中思考,才能对知识有更加深入的理解。本模块选文都包含了民主元素。请你选择下面的其中一个问题,说说你的思考吧!

①"尧舜禅让"的故事中体现了哪些民主元素?这些元素和现代选举制度有何异同?

②"子产不毁乡校"体现出"尊重言论自由"的民主意识。言论自由在民主社会中扮演什么角色?如何在尊重言论自由的同时处理可能出现的负面言论?

③有人说"小司寇制度"跟我们现代的人民代表大会制度非常相像,都体现了民众对于国家事件的参与度以及国家对人民的重视。请你想一想,这两者之间又有什么区别呢?

互动留言区:

为民:

我认为"小司寇制度"只在一些重大事情上征询百姓的意见,而今天的人民代表大会制度则更能保障人民广泛地参与到国家各项事务的决策之中,真正实现了人民当家作主。

由民:

我看本模块的选文也感觉到古代的民主往往只靠有民主意识、民主思想的开明统治者,而我们今天的民主则是在追求民族独立、国家富强和社会进步的长期奋斗和探索中逐步形成的,这才是真正的人民当家作主!

跟帖评论区:

【一叶知春】

民惟邦本,本固邦宁。

——《尚书》

天下非一人之天下也,天下之天下也。

——《吕氏春秋》

德莫高于爱民,行莫贱于害民。

——《晏子春秋》

民主制度,天下之公理。

——梁启超

满园开遍

> 些小吾曹州县吏,一枝一叶总关情。
> ——郑板桥《潍县署中画竹呈年伯包大中丞括》

> 晏子是春秋时期齐国著名政治家、思想家、外交家。他曾经出使鲁国,鲁昭公问他:"常说听取三个人的意见,就不会迷惑了。我现在和鲁国群臣商量,为什么还会出乱子呢?"晏子回答说:"您所接触的都是曲意逢迎之辈。他们的意见即使再多,也不过是众口一词罢了。"这个故事对我们今天建设"广泛的民主"有怎样的启示呢?

华章老师

以民

> 国君听取臣子意见要注意避免偏听偏信,今天的民主建设更要注重广泛性,让人民群众都有机会参与进来。

由民

> 有效的制度才能保障民主的广泛性。比如今天的人民代表大会制度,就很好地保证了中国人民当家作主的根本政治制度和最高实现形式。

> 大家的生活中,还有哪些场合需要民主呢?

华章老师

华韵

> 在我的家里,爸妈以前总是不让我做很多事情,可他们越禁止,我越想干。现在爸妈和我商量着来,他们讲清了利害,也与我交流了想法,从与他们的交流中,我受益匪浅。在家庭里,也很需要民主的力量。

纵览民主的华章

学校里也一样，班级有班委会，学校有学生代表会议，学生的需要和诉求都能被准确地反映给校方，并得到回应；而学校也乐意与学生交流，为我们健康成长创造条件。我想这就是民主的校园。

华思

大家说得特别好！"民主"的实践与斗争，离不开广大人民的参与，自然也与我们每一个个体密不可分。辛亥革命之后剪去辫子、拒绝缠足，大大方方走上街头的男女；土地改革之后，躬耕陇亩、翻身做主的人民，他们也一样是"民主"精神的践行者，是民主广泛性的鲜活例证。

华章老师

【叩门引路】 北京大学的前身是1898年由清朝政府创立的京师大学堂,那时的"北大"官僚习气严重,所有学生都被称为"老爷",而教员甚至被称作"中堂"或"大人"。直到1916年12月,蔡元培先生的到来,才让这座"官府"变成了真正的"学府",使北大成了有民主风气的校园,更在新文化运动中发挥了思想文化阵地的作用。

就任北京大学校长之演说

近现代 蔡元培

　　五年前,严几道(即严复)先生为本校校长时,余方服务教育部,开学日曾有所贡献于同校。诸君多自预科毕业而来,想必闻知。士别三日,刮目相见,况时阅数载,诸君较昔当必为长足之进步矣。予今长斯校,请更以三事为诸君告。

　　一曰抱定宗旨。诸君来此求学,必有一定宗旨,欲知宗旨之正大与否,必先知大学之性质。今人肄业专门学校,学成任事,此固势所必然。而在大学则不然,大学者,研究高深学问者也。外人每指摘本校之腐败,以求学于此者,皆有做官发财思想,故毕业预科者,多入法科,入文科者甚少,入理科者尤少,盖以法科为干禄之终南捷径也。因做官心热,对于教员,则不问其学问之浅深,唯问其官阶之大小。官阶大者,特别欢迎,盖为将来毕业有人提携也。现在我国精于政法者,多入政界,专任教授者甚少,故聘请教员,不得不聘请兼职之人,亦属不得已之举。究之外人指摘之当否，姑不具论。然弭（mǐ，平息，消灭）谤莫如自修，人讥我腐败，而我不腐败，问心无愧，于我何损？果欲达其做官发财之目的，则北京不少专门学校，入法科者尽可肄业法律学堂，入商科者亦可投考商业学校，又何必来此大学？所以诸君须抱定宗旨，为求学而来。入法科者，非为做官；入商科者，非为致富。宗旨既定，自趋正轨。诸君肄业于此，或三年，或四年，时间不为不多，苟能爱惜光阴，孜孜求学，则其造诣，容有底止。若徒志在做官发财，宗旨既乖，趋向自异。平时则放荡冶游，考试则熟读讲义，不问学问之有无，唯争分数之多寡；试验既终，书籍束之高阁，毫不过问，敷衍三四年，潦草塞责，文凭到手，即可借此活动于社会，岂非与求学初衷大相背驰乎？光阴虚度，学问毫无，是自误也。且辛亥之役，吾人之所以革命，因清廷官吏之腐败。即在今日，吾人对于当轴多不满意，亦以其道德沦丧。今诸君苟不于此时植其基，勤其学，则将来万一因生计所迫，出而任事，担任讲席，则必贻误学生；置身政界，则必贻误国家。是误人也。误己误人，又岂本心所愿乎？故宗旨不可以不正大。此余所希望于诸君者一也。

以民：

"大学者，研究高深学问者也。"作为大学的校长，蔡元培先生首先提出大学对学生的要求，就是要"为求学而来"。

由民：

蔡校长深刻认识到了植基勤学是为国为民做贡献的基础，"求学而来"的宗旨也体现了他的民主意识。

二曰砥砺德行。方今风俗日偷，道德沦丧，北京社会，尤为恶劣，败德毁行之事，触目皆是，非根基深固，鲜不为流俗所染。诸君肄业大学，当能束身自爱。然国家之兴替，视风俗之厚薄。流俗如此，前途何堪设想。故必有卓绝之士，以身作则，力矫颓俗。诸君为大学学生，地位甚高，肩此重任，责无旁贷，故诸君不惟思所以感己，更必有以励人。苟德之不修，学之不讲，同乎流俗，合乎污世，己且为人轻侮，更何足以感人。然诸君终日伏首案前，营营攻苦，毫无娱乐之事，必感身体上之苦痛。为诸君计，莫如以正当之娱乐，易不正当之娱乐，庶于道德无亏，而于身体有益。诸君入分科时，曾填写愿书，遵守本校规则，苟中道而违之，岂非与原始之意相反乎？故品行不可以不谨严。此余所希望于诸君者二也。

三曰敬爱师友。教员之教授，职员之任务，皆以图诸君求学便利，诸君能无动于衷乎？自应以诚相待，敬礼有加。至于同学共处一堂，尤应互相亲爱，庶可收切磋之效。不惟开诚布公，更宜道义相勖（xù，勉励），盖同处此校，毁誉共之，同学中苟道德有亏，行有不正，为社会所訾訾，己虽规行矩步，亦莫能辩，此所以必互相劝勉也。余在德国，每至店肆购买物品，店主殷勤款待，付价接物，互相称谢，此虽小节，然亦交际所必需，常人如此，况堂堂大学生乎？对于师友之敬爱，此余所希望于诸君者三也。

余到校视事仅数日，校事多未详悉，兹所计划者二事：一曰改良讲义。诸君既研究高深学问，自与中学、高等不同，不惟恃教员讲授，尤赖一己潜修。以后所印讲义，只列纲要，细微末节，以及精旨奥义，或讲师口授，或自行参考，以期学有心得，能裨实用。二曰添购书籍。本校图书馆书籍虽多，新出者甚少，苟不广为购办，必不足供学生之参考。刻拟筹集款项，多购新书，将来典籍满架，自可旁稽博采，无虞缺乏矣。今日所与诸君陈说者只此，以后会晤日长，随时再为商榷可也。

华思：
改良讲义和添购书籍，都是为了师生服务，蔡先生以师生为本，为师生服务，北大是一个"民主"的校园。

华章老师：
而今蔡元培先生的民主教育理念已然遍地开花，且内容也在实践中不断丰富着。作为学生中的一员，你是否观察并切实体验到校园民主的魅力呢？尝试和同学们交流一下吧！

读者留言：

满园开遍

【见微知著】

在演讲中，作者开门见山，以校长的身份直截了当地对青年学子提出了三点要求：抱定宗旨、砥砺德行、敬爱师友。这些要求直接针对当时的社会风气和北京大学的沉疴。作为一个校长，蔡元培为学校、为学生考虑得不可谓不深，不可谓不细。这同样也是他身为一校之长，以师生教育为本的体现，是校园民主的绝佳范例。蔡元培想建立一个兼容并包、风清气正的民主校园，北大确实在新文化运动中发挥了思想文化阵地的作用。可我们也要看到，蔡元培先生之后因为种种政治风波多次请辞校长职务，在那样的时代，实现广泛的民主并不容易。

【叩门引路】 北京十一中是中华人民共和国成立后在北京建立的第一所公立完全中学，首任校长林月琴是一位老红军，上班时总是挎个篮子，装着她亲手做的家乡小吃，送给那些因上课来不及吃早餐的老师和需要补充营养的学生。时至今日，北京十一中已然成为北京市名校，而其关爱师生、民主平等的校风更是一脉相承。这让我们看到了民主校园何其美丽！

民主校长

当代 刘灿

　　学校民主，当然主要有赖于校长创建一个民主的治理体系，让每一个教师的主人地位，不是源于校长的个人作风而是来自制度的保障。在这方面，北京十一学校的李希贵已经做出了有益且有效的尝试。但民主不仅仅是一种制度，也是一种生活方式。

　　"民主"的含义是很宽泛的，民主不仅仅是一种政治制度，而且还是一种生活方式，并渗透于人们生活的方方面面。民主不只是一种形式或者说外在的东西，而是一种内在的修养。这种内在的修养体现于日常生活和与人交往的过程中：相信人性的潜能；相信每个人不分种族、肤色、性别、家庭背景、经济水平，其天性中都蕴含着发展的无限可能性；相信日常生活与工作中，人与人之间是能够和睦相处、真诚合作的。民主的生活方式，意味着自由、平等、尊重、多元、宽容、妥协、协商、和平等观念浸透于社会的每一个角落，体现于生活的每一个细节。

纵览民主的华章

既然民主也是一种生活方式，那么它就不仅仅是一个孤立的"制度"。因为作为一种生活方式的民主和作为政治制度的民主不是割裂的，更不是对立的，而是互为因果、相辅相成的。民主的政治制度需要社会土壤，这"土壤"便是民主的生活方式；同样，民主的生活方式需要制度保障，这个保障制度便是民主的政治制度。好，还是回到学校民主这个话题。作为一个富有民主情怀的校长，他除了追求学校制度中的民主含量，还把民主精神通过日常生活自然而然地表现出来，并渐渐化作全校师生的生活方式。

华思：
作者为什么不直接介绍"民主校长"，而要先对"民主"这一概念作出自己的阐释呢？

华章老师：
作者通过议论将民主延伸为一种生活方式，这样便于引出下文对民主校长的介绍，更凸显了民主校园建设之可贵，也让文章更加深刻。

比如称呼。我们把校长在内的所有行政管理者都叫"老师"，正是基于"平等与民主"的理念：就一般意义而言，校园的所有从业人员都是教育者——不仅仅是每天上课的教师，也包括所有行政管理者和后勤人员，不然怎么有"全员育人"一说呢？既然如此，用"老师"取代行政职务而成为校长、副校长、主任们的称呼，不是很自然的吗？因为传统习惯的原因，也许在有些学校里，校长不愿意老师称自己为"老师"，而老师也不敢称校长为"老师"，但这不能成为我们不追求平等与民主的原因。不能因为有的校长"官本位"思想严重因而一线老师不敢称校长为"老师"，我们就放弃追求校园的民主生活。

又比如校长的大会讲话。校长在全校大会讲话，也能体现出校长本人对老师的尊重——而"尊重"是民主的基本要义。第一，校长对大会讲话的认真备课。每次大会讲话都必须精心准备，反复修改PPT，尽可能完美。既然校长要求老师们认真对待每一堂课，那么校长有什么理由不认真对待每一次大会讲话呢？第二，校长讲话的时间控制。几乎和所有老师一样，特别反感校长说话啰里啰唆，没有时间观念，一讲就是一下午，完全不顾老师们的感受。控制讲话时间，就是对老师们的尊重。第三，站着讲话。我们已经习惯于这样的大会，主席台一侧有发言席，但那是给一般发言者提供的，而主要领导则是坐在主席台中间，最后他做"重要指示"的时候，不但是坐着讲，而且没有时间限制，他想讲多久就讲多久，他什么时候讲完什么时候才散会。对此很多人特别反感。所以，每次大会最好一律站着讲话，并严格遵守时间，以此表达对每一位老师发自内心的尊重。

再比如参加各班毕业照时和孩子们一样站着。每当学年结束，校长们都要应邀参加各班的毕业照。每当这时，许多校长都已经习惯于坐在前排，校长两边依次坐着副校长、主任和老师。李希贵当校长第一次被邀请来到毕业班已经站好的队列前，看到第一排的椅子很不舒服，感觉到了一种"官本位"的气息。李希贵当即请求把椅子撤了，无论校长还是班主任或科任老师一律进入学生的行列，和孩子们融为一体。李希贵记得当时孩子们都鼓起掌来，开心得不得了。从此以后，毕业班合影前排都没有椅子，因为所有老师都站在孩子们的队列中。师生平等，在这一细节中成为校园的一种常态。

华章老师：

李老师的做法充分体现了对师生的尊重，展现了"民主校长"的风范。你的校园中有类似的民主事件吗？你对民主的校园有怎样的期许呢？

读者留言：

满园开遍

　　民主及高度民主，是人类的追求，也是我们民族和国家的追求。高度民主的社会需要具有民主素养的公民，因此培养真正的公民是学校的责任与使命。无论生活方式，还是制度建设，一个学校的民主取决于校长的民主情怀及践行。在这里，"践行"就体现于一些小事上，除了上面所列举的几点之外，还有很多——把自己的手机号向全校师生公开，随时倾听最需要关心的声音，并跟老师说："我就是你的110！"大型集会或活动，校长讲话时，第一句话不是："尊敬的各位领导、老师们、同学们，大家好！"而是："亲爱的孩子们、老师们，尊敬的各位领导……"每次要找老师谈心时，应该事先预约，和老师商量谈心时间，而不是打电话下命令："到我办公室来一趟！"每次参加学生的活动，没有特殊原因不中途退场，如果非中途离去不可应该给孩子们解释并表示歉意；每当孩子们到校长办公室时，校长第一句对孩子说的话应该是："请坐！"并送上一杯水……只要真正把老师和孩子放在心上，一切都是很自然的，而不是"故作姿态"。

　　陶行知曾指出："民主的时代已经来到。民主是一种新的生活方式，我们对于民主的生活还不习惯。但春天已来，我们必须脱去棉衣，穿上春装。我们必须在民主的新生活中学习民主。"公民的诞生，当然不仅仅是学校的事，还和国家发展和社会进步有关，但作为教育者我们不可能直接参与国家的管理与社会的改造，我们只能做我们能够做的事。在这个意义上说，校长的民主素养至关重要。因为没有民主的校长，就很难有民主的教师；而没有民主的教师，就很难有民主的学生，即未来的公民。

> **华思：**
> 作者用议论开头很好地扩展了写作的空间，深化了立意。而结尾的议论也很好地升华了主题，让我们看到民主校园建设的重要意义。

纵览民主的华章

【见微知著】 李希贵校长不自称为校长，反而更让人尊敬；不自居于前排，反倒更显出风采。"民主"不局限于政治制度，而是真切融入我们的日常生活，塑造我们的校园风气，这也体现了民主满园开遍的广泛性。我们相信民主的校园会培养出更多有民主素养的下一代，让民主的春风吹遍祖国各地。

【叩门引路】 在子女作人生的重大决策时，父母总是忍不住提一些作为过来人的建议。不过，要是父母事事包办，甚至事事强迫，这就不是一个"民主"的家庭了。傅雷先生深爱自己的儿子傅聪，当得知儿子从未与家人商量就突然要转往苏联学习时，他又会怎么做呢？让我们一起来读一读他的这封家书吧！

情与理的交响
——傅雷同儿子傅聪商议的民主家书

近代 傅雷

今日接马先生（三十日）来信，说你要转往苏联学习，又说已与文化部谈妥，让你先回国演奏几场；最后又提到预备叫你参加明年二月德国的 Schumann 比赛。

我认为回国一行，连同演奏，至少要花两个月；而你还要等波兰的零星音乐会结束以后方能动身。这样，前前后后要费掉三个多月。这在你学习上是极大的浪费。尤其你技巧方面还要加工，倘若再想参加明年的 Schumann 比赛，他的技巧比萧邦的更麻烦，你更需要急起直追。

与其让政府花了一笔来回旅费而耽误你几个月学习，不如叫你在波兰灌好唱片（像我前信所说）寄回国内，大家都可以听到，而且是永久性的；同时也不妨碍你的学业。我们做父母的，在感情上极希望见见你，听到你这样成功的演奏，但为了你的学业，我们宁可牺牲这个福气。我已将此意写信告诉马先生，请他与文化部从长考虑。我想你对这个问题也不会不同意吧？

其次，转往苏联学习一节，你从来没和我们谈过。你去波以后我给你二十九封信，信中表现我的态度难道还使你不敢相信，什么事都可以和我细谈、细商吗？你对我一字不提，而托马先生直接向中央提出，老实说，我是很有自卑感的，因为这反映你对我还是不放心。大概我对你从小的不得当、不合理的教育，后果还没有完全消灭。你比赛以后一直没信来，大概心里又有什么疙瘩吧！马先生回来，你也没托带什么信，因此我精神上的确非常难过，觉得自己功不补过。现在谁都认为（连马先生在内）你今日的成功是我在你小时候打的基础，但事实上，谁都不再对你当前的问题再来征求我一分半分意见；是的，我承认老朽了，不能再帮助你了。

可是我还有几分自大的毛病，自以为看事情还能比你们青年看得远一些，清楚一些。

同时我还有过分强的责任感，这个责任感使我忘记了自己的老朽，忘记了自己帮不了你忙而硬要帮你忙。

所以倘使下面的话使你听了不愉快，使你觉得我不了解你，不了解你学习的需要，那末请你想到上面两个理由而原谅我，请你原谅我是人，原谅我抛不开天下父母对子女的心。

华章老师：
傅雷家书中有很多细节都表明了他对儿子的尊重与爱护，大家能试着找一找、说一说吗？

华彩：
傅雷先生在信中大量使用第一人称"我认为……""我……"来表明自己的想法，却没有强迫儿子接受，显得真诚又民主。

读者留言：

一个人要做一件事，事前必须考虑周详。尤其是想改弦易辙，丢开老路、换走新路的时候，一定要把自己的理智做一个天平，把老路与新路放在两个盘里很精密的称过。现在让我来替你做一件工作，帮你把一项项的理由，放在秤盘里：

〔甲盘〕

（一）杰老师过去对你的帮助是否不够？假如他指导得更好，你的技术是否还可以进步？

（二）六个月在波兰的学习，使你得到这次比赛的成绩，你是否还不满意？

（三）波兰得第一名的，也是杰老师的学生，他得第一的原因何在？

（四）技术训练的方法，波兰派是否有毛病，或是不完全？

（五）技术是否要靠时间慢慢的提高？

（六）除了萧邦以外，对别的作家的了解，波兰的教师是否不大使你佩服？

（七）去年八月周小燕在波兰知道杰老师为了要教你，特意训练他的英语，这点你知道吗？

〔乙盘〕

（一）苏联的教授法是否一定比杰老师的高明？技术上对你可以有更大的帮助？

（二）假定过去六个月在苏联学，你是否觉得这次的成绩可以更好？名次更前？

（三）苏联得第二名的，为什么只得一个第二？

（四）技术训练的方法，在苏联是否一定胜过任何国家？

（五）苏联是否有比较快的方法提高？

（六）对别的作家的了解，是否苏联比别国也高明得多？

（七）苏联教授是否比杰老师还要热烈？

〔一般性的〕

（八）以你个人而论，是否换一个技术训练的方法，一定还能有更大的进步？所以对第（二）项要特别注意，你是否觉得以你六个月的努力，倘有更好的方法教你，你是否技术上可以和别人并驾齐驱，或是更接近？

（九）以学习 Schumann 而论，是否苏联也有特殊优越的条件？

（十）过去你盛称杰老师教古典与近代作品教得特别好，你现在是否改变了意见？

（十一）波兰居住七个月来的总结，是不是你的学习环境不大理想？苏联是否在这方面更好？

（十二）波兰各方面对你的关心、指点，是否在苏联同样可以得到？

（十三）波兰方面一般带着西欧气味，你是否觉得对你的学习不大好？

华思：
很明显，傅雷先生不太赞成儿子离开波兰去苏联，但他劝说的方式并不让人反感。

华彩：
他没有要求儿子怎样做，而是使用假设、提问的方式，不厌其烦地列出 3 个大类 27 个问题，引导儿子扪心自问，作出判断。

由民：
只提供作为过来人的经验，却不摆过来人的架子，才能营造民主的家庭氛围！

这些问题希望你平心静气，非常客观的逐条衡量，用"民主表决"的方法，自己来一个总结。到那时再作决定。总之，听不听由你，说不说由我。你过去承认我"在高山上看事情"，也许我是近视眼，看出来的形势都不准确。但至少你得用你不近视的眼睛，来检查我看到的是否不准确。果然不准确的话，你当然不用，也不该听我的。

假如你还不以为我顽固落伍，而愿意把我的意见加以考虑的话，那对我真是莫大的"荣幸"了！等到有一天，我发觉你处处比我看得清楚，我第一个会佩服你，非但不来和你"缠夹二"乱提意见，而且还要遇事来请教你呢！目前，第一不要给我们一个闷葫芦！磨难人最厉害的莫如 unknown 和 uncertain！对别人同情之前，对父母先同情一下吧！

（选自《傅雷家书》，标题为编者所加）

【见微知著】

傅雷以平等的态度将自己的想法和顾虑坦诚地与儿子交流，不久后也收到了儿子诚恳的回信。从这件事上，我们可以看到，代沟并不是阻隔亲子交流的天堑，只要我们放下身段，学会倾听、尊重、理解和包容，在一个民主的家庭氛围里，总归是有事好商量的。当然，作为子女，如果我们也能换位思考，想到父母的付出与担心，坦诚自己的考虑和理由，认真郑重地和父母对话，让父母相信我们已经长大，我们可以自主，这又何尝不是在用自己的努力去构建民主的人生、民主的家庭呢？

【叩门引路】 土地改革使得"耕者有其田",给许多农民分了土地,也给予了他们当家作主的权利。这对没有分到土地的农民同样重要,不信你看田寡妇——土改之前,她天天守着自己的半亩瓜田,总是胆战心惊,怕人来偷;土改后,她拥有的依然是她的半亩瓜田,却渐渐放宽了心。土地改革,这一新民主主义时期的革命运动,给她的精神面貌和心理状态带来了怎样的改变呢?

田寡妇看瓜

现当代 赵树理

南坡庄上穷人多,地里的南瓜豆荚常常有人偷,雇着看庄稼的也不抵事,各人的东西还得各人操心。最爱偷人的叫秋生,因为自己没有地,孩子老婆五六口,全凭吃野菜过日子,偷南瓜摘豆荚不过是顺路捎带。最怕人偷的是田寡妇,因为她园地里的南瓜豆荚结得早——南坡庄不过三四十家人,有园地的只是王先生和田寡妇两家,王先生有十来亩,可是势头大,没人敢偷;田寡妇虽说只有半亩,可是既然没人敢偷王先生的,就该她一家倒霉,因此她每年夏秋两季总要到园里去看守。

一九四六年春天,南坡庄经过土地改革,王先生是地主,十来亩园地给穷人分了;田寡妇是中农,半亩园地自然仍是自己的。到了夏天园地里的南瓜豆荚又早早结了果,田寡妇仍然每天到地里看守。孩子们告她说:"今年不用看了,大家都有了。"她不信,因为她只到过自己园里，王先生的园在哪里她都不知道。

华彩：
不同于其他人，田寡妇在土改中并没有分到土地，但也正是这样，我们才能更直观地看到这一政策对她精神的改变。

华思：
她以前每天都为园里的作物忧心，也因此变得很封闭，"只到过自己园里"；现在却可以放松了，我想她能够走向广阔的世界！

也难怪她不信孩子们的话，她有她的经验：前几年秋生他们一伙人，好像专门跟她开玩笑——她一离开园子就能丢了东西。有一次，她回家去端了一碗饭，转来了，秋生正走到她的园地边，秋生向她哀求："嫂！你给我个小南瓜吧！孩子们饿得慌！"田寡妇没好气，故意说："哪里还有？都给贼偷走了！"秋生明知道是说自己，也还不得口，仍然哀求下去，田寡妇怕他偷，也不敢深得罪他；看看自己的嫩南瓜，哪一个也舍不得摘，挑了半天，给他摘了拳头大一个，嘴里还说："可惜了，正长哩。"她才把秋生打发走，王先生恰巧摇着扇子走过来。王先生远远指着秋生的脊背跟她说"大害大害！庄上出现了他们这一伙子，叫人一辈子也不得放心！"说着连步也没停就走过去了。这话正投了她的心事，她一辈子也忘不了，因此孩子们说"今年不用看了"，她总听不进去，不管她信不信，事实总是事实。有一天她中了暑，在家养了三天病，园子里没丢一点东西。后来病好了虽说还去看，可是家里忙了，隔三五天不去也没事，隔十来天不去也没事，最后她把留作种子的南瓜上都刻了些十字作为记号，就决定不再去看守。

快收完秋的时候，有一天她到秋生院里去，见秋生院里放着十来个老南瓜，有两个上边刻着十字，跟她刻的那十字一样，她又犯了疑。她有心问一问，又没有确实把握，怕闹出事来，才又决定先到园里看看。她连家也没回就往园里跑，跑到半路恰巧碰上秋生赶着个牛车拉了一车南瓜。她问："秋生！这是谁的南瓜？怎么这么多？"秋生说："我的！种的太多了！""你为什么种那么多？""往年孩子们见了南瓜馋得很，今年分了半亩园地我说都把它种成南瓜吧！谁知道这种粗笨东西多了就多得没个样子，要这么多哪吃得了？种成粮食多合算？""吃不了不能卖？""卖？今年谁还缺这个？上哪里卖去？园里还有！你要吃就打发孩子们去担一些，光叫往年我吃你的啦！"他说着赶着车走了，田寡妇也无心再去看她的南瓜。

一九四九年五月十三日

以民：
秋生的物质条件比之前好多了！往年他要靠偷、靠求才能让一家人吃上一个小南瓜；现在他自己种南瓜，多得都吃不完了！

为民：
他的精神也更饱满了，比起之前可怜的哀求，现在的他自食其力，更有尊严了！

由民：
也正是因为秋生变了，所以田寡妇再也不必看瓜了。从他的身上，我们能看到社会风气在变好。这就是民主的力量吧！

插画 陈慧琴

【邀你读书】

　　赵树理是"山药蛋派"的代表人物。"山药蛋派"这个有趣的名字是因为其流派的作品都充满了山西的乡音土调。因此,当大家看到赵树理的作品时,总能发现其中生动活泼的群众语言和清新浓郁的乡土气息。《小二黑结婚》就是一篇典型的作品。小说的主人公小二黑和小芹是抗战时期解放区的一对青年男女,而他们的婚恋之路遭遇了封建迷信和守旧家长的重重阻挠。他们要如何追求自己的幸福?咱们可以一起去书里见证他们突破封建的民主自由之路。

纵览民主的华章

【见微知著】　　土地改革,不仅让失地的秋生获得了赖以生存的土地,收获了劳动带来的尊严,也让日日为瓜田提心吊胆的田寡妇,变得放松和释然。他们产生变化的背后展示的是千千万万个"秋生"与"田寡妇"的变化,更展现出土改所带来的社会风气的好转与人民精神的解放。广泛的民主,不仅为人民的物质生活带来实惠,更使人民的精神生活获得了解放。

【叩门引路】从县人大的工作中可以看见中国根本政治制度的运行，用一串小小的"第一次"记录国家和人民的大事情。从十年来的几则消息报道中，我们不仅能看到"小切口，大主题"的创作方法，更能洞察人民权利的真实性、多样性和广泛性。

小消息记录的大事情
——我在麟游县人大亲身经历的四个第一次

当代 史士岐

眨眼间，我在麟游县人大常委会办公室工作快 15 年了。在这个民主法制的圣殿里，感悟民主的氛围，经受法治的洗礼，逐渐从一个人大新兵成长为老兵。回首往事，令人难忘。闲暇之余，打开过去在报刊发表的"消息"剪贴本，小消息记录的大事情历历在目，特别是自己亲身经历的四个"第一次"尤为清晰……

华彩：

该文章从自己"从一个人大新兵成长为老兵"的所见所闻出发，通过回忆的方式记载自己经历的四个"第一次"，线索分明，条理清晰。

华思：

从 2003 年到 2013 年，跨越十年的四个"第一次"能够串联为文，这本身就说明了以人民为中心是人大一以贯之的工作理念。

第一次"叫停"代表职务

2003年3月6日,麟游县第十四届人大常委会第三次会议作出决定,暂停李某的县人大代表职务,并许可县检察院对其依法拘留。李某是2002年12月当选为县十四届人大代表的,当选后,利用村主任和代表的双重职务之便,在该村小流域治理中,采取虚报面积、编造花名册等手段,套取项目资金1万元据为己有,触犯了法律。参与了事情调查、会议筹备记录、"决定"印发等后,自己深深感受到"不管是谁,辜负了人民的重托就要下岗"。于是撰写了消息《麟游县一人大代表被停止代表职务》,记录了这件事情。

第一次向政府报告说"不"

2005年7月26日,麟游县第十四届人大常委会第二十次会议上,审议政府提请调整财政预算支出案时,多数组成人员在审议发言中认为,由于国家免征农业税等政策性因素影响,全县地方财政收入减少是客观事实。但支出变化因素较多,县政府调整财政预算收支报告中,没有向人大常委会报告详细的调整预算支出方案,仅在一张附表中,简单列示了农业支出等18个主要项目支出增加或减少的预算数,没有说明增加或减少的具体项目、原因及支出款项等,"面面未俱到","重点不突出",看不清"钱从哪儿来,又到哪儿去,是否用在了刀刃上?"……最后,经过集体表决,决定对财政支出预算暂不调整,第一次向政府调整支出预算说了声"不"。当时我作为会议记录员,震撼较大,当会撰写了消息《麟游县人大向政府调整财政支出预算说"不"》,提醒政府及其财政管理部门:为人民管钱,不仅要做得好,还要说得清。

第一次向人代会迟到缺席者亮"黄牌"

2010年3月4日,麟游县第十五届人民代表大会第四次会议召开第一天,一名迟到和两名未履行请假手续、不参加分组讨论的部门列席领导受到了通报批评,责令相关人员认真检讨整改,并写出书面检查。随后几天,又采取会议签到、设立迟到席、严格请假审批和不打招呼深入各分组讨论点检查等措施,加强会议组织管理。会议到会率特别是列席人员到会率与往年相比大幅提升,改变了以往代表参会多列席人员参会少、代表发言说给自己听等现象,充分调动了代表审议讨论发言和提出建议意见的积极性,极大地提高了会议质量和效果。亲身感受会风转变所带来的显著成效和代表发自内心的好评,深感改进会风的重要性,就动笔撰写了消息《麟游县人大向人代会迟到缺席者亮"黄牌"》进行报道。

第一次开展常委会会中"询问"

2013年8月14日,麟游县第十六届人大常委会第十四次会议在审议重点项目和经济计划执行情况时,第一次进行了会中询问。组成人员先后就煤田开发后续环境综合治理措施、工业园区建设进展缓慢的原因、上半年农民人均现金收入总量和增速位列宝鸡市末位的主客观原因、财政专项资金安排使用效益等五个方面十三个问题,当会询问了县发改局、县工信局、县财政局、县农业局主要负责人。引起方方面面的强烈反响:组成人员认为,会中询问使他们更加清楚相关工作中的困难和问题,便于提出有针对性的建议意见;县政府领导表示,将认真研究解决询问中指出的不足和问题，虚心吸纳会议提出的建议意见，进一步抓好工作落实；与会的县委领导充分肯定了开展会中询问的重要意义，建议进一步完善坚持。看到一个提高审议实效的新举措，得到了普遍认可和好评，就写了消息《麟游县人大开展会中询问监督实效明显增强》，介绍了会中询问的经过和效果。

自己亲身经历的这些，只是县人大民主法制建设进程中的几个小片段，也是人民代表大会制度的发展完善中的几朵小浪花。然而，能够亲身经历见证并为之做一些力所能及的事情，我感到特别自豪！

华思：
作者身为人大工作者，在十年之间，一定见证了无数大事的发生。为什么这篇文章里专门选择这四则小消息来写呢？

华章老师：
我想其中一个原因是这四个"第一次"从不同维度写出了县人大的职能，既有监督也有质询，这就反映出人民的权利在当今时代是何其广泛！大家还有别的见解吗？

读者留言：

【见微知著】 广泛的民主表现在人民生活的每一个细节中，比如它贯穿了麟游县十年的人大工作，服务于人民生活的方方面面；广泛的民主也表现为人民权利的多样化实践，就像在麟游县，人民充分讨论，更能参与监督。当我们把视线转回自己的生活，也一定会从无数生动真实的细节中感受到广泛的民主，也一定会发自内心地认可社会主义民主是最广泛的民主。

【大河论坛】

本模块的选文中,我们能看到民主的场域在不断地扩大,民主的权利是何其广泛!无论是家庭、学校、社会可见可感的民主体现,抑或是愈发普遍、日益多样的民主参与,都实实在在地告诉我们:民主,从来不是虚无缥缈的一纸空谈,而是满园开遍的生动现实。

今天,父母会把家庭里的事情拿出来和孩子商量,学校也会在决策时及时地听取学生的意见。你喜欢这样的家庭会议或学生座谈吗?

互动留言区:

由民:

我家就经常召开小会议,来决定一些和我有关的事情,比如课余时间的安排、零花钱的开支等,爸妈会听取我的意见,也会给出合理的建议。我特别喜欢这样的小会,让我感到自己是被尊重的。

华思:

学校里每次召开学生座谈,大家也都很激动。有的同学还会为此准备许多材料,我觉得这充分调动了大家的民主热情,也在无形中提升了我们的民主素养。

跟帖评论区:

【一叶知春】

民为贵,社稷次之,君为轻。
　　　　　　　　　　——《孟子》

安民之道,在察其疾苦而已。
　　——明·张居正《请蠲积逋以安民生疏》

不忧一家寒,所忧四海饥。
　　　　　　　　——清·魏源《偶然吟》

自古皆有死,民无信不立。
　　　　　　　　　　——《论语》

落地生根

> 民以君为心,君以民为体。
> ——《礼记》

中华人民共和国成立前，在抗日根据地、解放区的广大农村，选民只要把豆子投到代表自己想要选的候选人的碗里就可以了，最终以碗中豆子的多少决定谁当选。当时流传着这样一首民谣："金豆豆，银豆豆，豆豆不能随便投；选好人，办好事，投在好人碗里头。"大家对这种"豆选"的形式有怎样的认识呢？

华章老师

这首质朴的民谣，反映了当时边区民主选举的生动场景。"豆选"用豆子代替选票，保障农民平等享有选举权。这是在保障民主不折不扣地落实。不过他们为什么要用豆子投票呢？

为民

我想这是考虑到当地有很多老百姓不识字的情况，让他们通过往碗里投豆子的方式参与选举，是用富有创意的办法保障了民主的权利。

以民

"投豆子"这种投票方式简便易行，用豆投票也便于就地取材。"豆选"以群众喜闻乐见的形式让边区群众能够行使自己的民主权利。

由民

"一颗豆豆要顶一颗豆豆的事",一粒粒小小的豆子,承载了人民当家作主的希望。民主之风荡漾,民主落地生根,人民民主的真实性得以体现。当今时代,我们又要如何继续建设真实的民主呢?

华章老师

我觉得真实的民主要有保障。比如咱们的社区协商,就是用明确的制度来保证人民能够正常而又便捷地行使自己的权利。

华思

落地生根

我觉得真实的民主还需要我们不断加强学习,增强民主意识,提升民主素养,让民主变得更真实。

华韵

【叩门引路】

唐代诗人高适担任封丘县尉时,有诗云:"拜迎长官心欲碎,鞭挞黎庶令人悲。"在黑暗的时局下,有理想、有情怀的高适,也不得不暂时低下高贵的头颅。而当今的封丘县迎来了新变化,社会主义民主的光芒倾洒,让曾经的贫困县,一点点走出了阴霾。尤其是村里最让人忧心的"老郭",在民主的时代,通过自主的精神,让他拥有了全新的生活!

老郭脱贫记
——政府兜了底 致富靠自己

当代 马跃峰

贫困户吃低保,别人争得面红耳赤,老郭却总想让出去:"脱贫靠劳动,不能躺在'政策温床'上!"

老郭叫郭祖彬,今年56岁,是河南封丘县王村乡小城村农民。年轻时的老郭并不穷,开四轮,拉红砖,日子过得去。没承想,儿子3岁患病,摘除脾脏,手术费花了1万元。老郭把积蓄拿出来,勉强渡过难关。10年后,儿子再次病发,做心脏搭桥手术花了6万多元。这回,老郭借遍"村里一条街",才凑够医药费。为了还钱,他到天津打工六七年,窟窿没补上,还落下脑梗病。乡邻们忧心地说:"老郭脱贫——猴年马月的事!"

封丘是国家级扶贫开发重点县,建档立卡贫困户1.86万户,5.8万人。该县对因病、因残等7种致贫原因分门别类,采取"1+2+N"帮扶模式,即每户1名帮扶责任人,2项以上扶持政策,家庭成员每人 1 条帮扶措施。拿老郭来说，安排公益岗位，每月挣 400 元；孙子享受教育补助，每年 1000 元；儿媳转移就业卖手机，每月工资 1500 元。全家享受人身意外险、医疗补充险，阻断"因病致贫"。

以民：
这一段首先强调封丘县的贫困状况，点明了脱贫攻坚的大背景，让我们感觉到老郭的脱贫不仅是一个家庭的事情，而是有典型性的。

由民：
国家的政策，细致周到、稳步落实，真正为脱贫兜住了底。对老郭一家的帮扶，特别能让我们感受到民主就真实地发生在你我身旁。

政府"兜了底"，致富靠自己。封丘县实施产业扶贫项目 81 个，户均可享产业扶贫资金 8000 元。村支书郭祖良选定种植中药材，请来中医药大学教授，测土、配方。老郭一听，第一个报名。

4 月，是种地黄的最佳季节。可这时麦子已长到腿窝，首批报名的 50 户农民看不到效益，谁也舍不得铲麦子。

老郭的老伴儿着急了："万一出不来苗，地黄收不着，麦子也毁了。"

"村支书一心为咱，能把你带到沟里？"老郭坚持己见，并辞去公益岗，专心种药。

第一批 10 户，种了 50 亩，老郭种 4.5 亩。半月后，地黄没出芽。村民议论，老伴数落。老郭一天到地头转几遍，悉心照料。40 天，地黄出齐，一地绿色。老郭长出一口气："心里石头落了地，我瘦了 18 斤。"

村支书郭祖良压力更大："万一种不成，咋有脸见乡亲？"他请专家"把脉"指导,成立种植合作社,与安徽企业达成协议,以优惠价回收药材,让农民吃上定心丸。

12月,地黄叶枯,眼看就到收获的季节。为解销路之忧,村党支部组织贫困户到安徽找市场。见中药材需求旺盛,更多贫困户以土地入股,加入合作社。如今,合作社种3种药材,共计400多亩,明年将扩至1000亩。依托中药材产业,村里将建中药材展馆,开设中医疗养一条街,发展"养生小城"特色游。

挖出一根弯弯的地黄,老郭算了笔账:4.5亩药材,纯收入1.8万元。自己在合作社干工,月工资1500元;老伴在合作社除草、浇地,可挣500元;儿子开车耕地,也能收入3600元。加上养猪,全家年收入5.6万多元,家里6口人年人均纯收入9300多元。

华彩:
老郭的贫困在当地是公认的,大家都说他脱贫"是猴年马月的事",他的脱贫经历也最能鼓舞人心!

华思:
老郭一家确实很不容易,但他始终没有被挫折压垮,而是坚持努力。扶贫先扶志,他不安于现状,积极改变生活的"志"很值得我们学习。

华韵:
村支书和国家政策也给了老郭很多帮助,他的脱贫路上有"民来自主"的奋斗,也有政府"为民做主"的担当,真实反映了民主的力量。

(选自《人民日报》2016年12月25日第1版)

【见微知著】

老郭的故事,也是村里无数人家的故事,更是千千万万中国脱贫者的缩影。政策帮扶为生活兜住底,产业脱贫为脱贫指明路,政府的指引让致富有了可能,个人的奋斗让致富变为现实。从老郭的故事中,我们看到了民主的政府是如何为人民保驾护航,让人们最大程度地发挥自己的主观能动性,走上属于自己的幸福之路的。真实的民主,就是在这样的生动实践中被我们看到、让我们赞叹。

落地生根

【叩门引路】 白居易的诗云："可怜身上衣正单，心忧炭贱愿天寒"，让我们看到他为贫贱者代言的良知。"广听民意谋良策，力促邦兴谱伟篇"则是新时代人大代表为人民代言的绝佳写照。人大代表是人民利益的代言人。他们来自人民，肩负人民重托，应模范遵守宪法和法律，努力为人民服务，并自觉接受人民的监督。而从他们尽责履责、接受监督的过程中，我们也能看到人民权利的真实性。

人民需要什么样的代表？

当代 于浩

纵览民主的华章

全国人代会会期10天，开头几天，既有全体大会，也有全团会议，代表除特殊情况外，很少缺席。但随着审议的深入，新鲜感和热情逐渐褪去后，代表审议报告开始进入"审美疲劳期"。

就在网上针对代表无故缺席小组会议的责难声中，一则关于已故代表毛丰美的审议内容，却不断赢得了网友的点赞，大呼需要这样的人大代表。内容是去年3月7日，辽宁代表团会议，中央领导参加审议，农民代表毛丰美发言。

> **华章老师：**
>
> 文章标题就是一个问句，引发读者的思考与兴趣，也是这篇选文的主题。全文都在回答这个问题，这种敢于直面问题的态度，让人民群众真切感受到道路自信、理论自信、制度自信，充分相信人民民主的真实性。

毛丰美说："副总理参加我们辽宁团讨论，我最高兴了。不是别的，因为你管农业，我是农民，要是别的副总理我就差点劲儿。我八届全国人大就是代表，那时我当着姜春云副总理面提了一个建议，降低农村电费。我说农村都由点电灯改为点煤油灯了，为啥呀？城市电费二三毛钱，农村电费八九毛钱，为啥呀？农村电网改造，自己拿钱；城里，国家拿钱。姜春云还真当事，当场就让解决。所以，副总理这次也肯定能解决问题。我提几条建议。一个是农民养老费得提高。现在一个月50块，城市是500块，这不合理。国家差那俩钱儿吗？我觉得可以分几个档次，80岁以上300元，70岁以上200元，60岁以上100元，行不行？农村干部收入太低，一天才合30元。农村妇女种地一天还能挣100元，大老爷们儿的自尊心都没了。第二个是，要解决城乡收入差距。八届、九届人大时城乡收入差距是1∶2，十届、十一届变成了1∶3。年年发1号文件，要不发会怎么样呢？文件发哪儿去了？都跑冒滴漏了，那就不用发了，直接就往预算里打就行了，这最实在。我有啥说啥，已经是农民了……"中央领导赞许道："我才看出什么是新型农民。新型农民不是服装新，是有思想。你代表的是广大农民！"

华章老师：

毛丰美代表的语言不仅生动有趣接地气，更能一针见血扣本质。你能选择一两句，加以赏析吗？

华彩：

"跑冒滴漏"本指跑气、冒水、滴液、漏液的现象，这些现象是因管理不善及操作不当而产生，会导致成本的浪费，形成安全隐患。毛代表化用指代政策文件缺少执行的状况，形象生动，更有警醒意味。

读者留言：

毛丰美这样的代表，用东北人独特的幽默感，不仅把审议带进了严肃活泼的氛围，更在笑谈中把广大农民养老、村干部待遇、农民收入问题反映出来，得到了中央领导的肯定。那时他已身患重病，再对比那些在会上或是沉默不语的，或是一字一句照稿念的，或是自我表扬的，或是为了个案要钱要政策的，或是无故缺席的代表，可谓是天壤之别。

可这样的代表还是有，河北团第二组小组一次讨论会，约有三分之一的代表没有来参加会议。会议中途，又有代表陆续退场，剩下的代表仅有一半多一点。河北省委副书记赵勇发难说："当人大代表不能浏览观光啊，想来就来想不来就不来。想当人大代表的时候是什么劲头啊！不能当上了就不负责任啊！"浙江省委书记夏宝龙也告诫代表："所有的代表都没有特殊权利，有事请假要向团里报告。全国人大代表一年就一次会，10天的时间，大家都应该坚持，带着一份责任，要么就别当代表。全国人大代表代表的是人民，按时到会也是参加人代会应有的一种态度。"

每个代表都不该忘记中国13亿多人口，能成为全国人大代表的不过3000人，你们代表的是多少人的期许和重托。人民选举你当代表，不是要你来"打酱油"的，也不是要你拿着相机在大会堂里啪啪啪的，更不是让你在领导面前混脸熟的。

在全国人民代表大会这个商议国是的平台上，每个代表都不要放弃发表意见的机会，即使你来自基层，还有满口乡音，请你放心，没有人会关注这些细枝末节，人民更看重你到底说了什么，反映了什么问题。请你也不要担心舆论不负责，误读、误解你的观点，因为你有几次到几十次阐述自己观点的机会。作为代表，人民担心的是你的不语，意味着他的沉默；你的离席，意味着他的缺席。每个代表都要谨记，代表不是荣誉称号，你要为你代表的人民建言议政。

【见微知著】 十四届全国人大有 2900 多名全国人大代表,去传达中国 14 亿多人民的心声与诉求。"提高代表素质",是为了更好地让人大代表代表更广泛的人民群众积极发声,建言献策,是对民主真实性的体现。

落地生根

【叩门引路】 选举权是公民的基本政治权利之一，是公民选举国家权力机关的代表与其他公职人员的权利。而市辖区的人大代表则由选民直接选举产生。2021年的11月，两位记者走进了北京市西城区，真实记录了人大代表换届选举的投票过程。下面就让我们跟随他们的脚步，一起去见证民主真实落地的过程吧！

投下神圣一票选出满意代表
——全国人大机关选民参加西城区人大代表换届选举投票

当代 冯添 李小健

11月5日，是北京市区和乡镇两级人大代表换届选举投票日。

按照北京市西城区中南海选区选举工作小组的安排，全国人大机关在人民大会堂和机关办公楼设立投票站，组织3224名选民进行投票。

选民中有本届和历届的常委会领导同志，也有机关党组成员、常委会副秘书长、专门委员会和工作委员会有关负责同志，还有机关在职干部职工和部分离退休同志。

为做好机关选民投票工作，全国人大常委会秘书长杨振武多次提出具体要求、检查投票站布置情况。他指出，人大换届选举是一项政治性、法律性、政策性都很强的工作，同时也是全过程人民民主最生动、最直接的体现。要充分保障机关选民依法行使选举权利，民主选举产生人大代表，确保选举工作风清气正，确保选举结果人民满意。

投票站内，悬挂的巨幅五星红旗鲜艳夺目，镶嵌着国徽的3个票箱呈品字型端立前方。排队处、验证处、发票处、写票处、代写处、秘密写票处等分区设置，井然有序。3名正式代表候选人的基本情况展板摆放在明显位置，方便选民了解情况。

华思：
在正式投票前，作者描写了投票站的陈设，能让人感到非常庄严，细致的分区设置和醒目的情况展板也足以显示投票的公平公正。

落地生根

华彩： 而且组织了3224名身份各异的选民，这就体现了民主的广泛性。

早上8时，主持人宣布投票正式开始。

选民们拿着选民证，首先到验证处核验。精神饱满的工作人员一丝不苟，认真负责，仔细核对每一张选民证，发放每一张选票。

仔细听取有关选举事项的说明后，选民们认真填写选票，依次走到票箱前，郑重投下庄严的一票，选出自己满意的、信赖的人大代表。

"回机关参加投票，感觉到了一种责任和荣誉，这是神圣的民主权利。"一位退休的老同志笑声爽朗，"验证、发票、写票、投票……每一项工作都准备很充分，都严格依法依程序办事，每一处细节都体现了以人民为中心的发展思想，都体现了人民当家作主这个社会主义民主政治的本质。"

首次参加投票选举的一名青年干部说："这是我第一次投票选举人大代表，这种实实在在握在自己手上的民主权利，让人感到特别神圣。"

和这名青年干部一样，许多机关选民都为这一时刻感到兴奋激动，纷纷手持选民证在会场拍照留念。大家的微信"朋友圈"，被一张张盖着红色印章的选民证照片"刷屏"。

每5年参加一次选举，都会留下这样一张选民证，有的选民已经保留了10余张，作为行使民主权利的永久纪念。他们都是中国特色社会主义民主政治的直接参与者、见证者和坚定的支持者、维护者。

> **为民：**
> 作者特地选取青年干部和退休同志，是因为他们都很有代表性。青年干部是第一次参与选举，他的激动溢于言表，让我感同身受。

> **华彩：**
> 退休的老同志应该是非常熟悉整个流程的，他回到机关投票，更带有一种民主监督的色彩，让我们对选举的公平性更加信赖。

下午2时左右，现场投票接近尾声。在选民的监督下，检票人员密封了投票箱。经过票数清点，统计结果同中南海选区其他投票站的结果进行汇总，在3名正式代表候选人中选出两名人大代表。

沉甸甸的选票，承载着选民们对新一届人大代表的信任与期盼。5日当天，北京全市共设立投票站13448个，通过差额选举，产生新一届区人大代表4898人、乡镇人大代表11137人，并在之后召开新一届区和乡镇人民代表大会第一次会议，依法选举产生新一届区和乡镇国家机关领导人员。

为保证换届选举工作依法有序顺利进行，全国人大常委会秘书长、机关党组书记杨振武，常委会副秘书长、机关党组副书记信春鹰，亲自审定方案，多次亲临现场指导工作。

按照工作方案要求，9月初，机关迅速成立了全国人大机关参加西城区人大换届选举工作领导小组，由常委会副秘书长、机关党组成员、机关党委书记刘俊臣任组长，机关有关局室和直属事业单位的主要负责同志参加。召开动员部署会、组织选民登记、划分30个选民小组，推荐、介绍代表候选人、开展投票，各项工作有条不紊。

11月13日，西城区选举委员会确定中南海选区11月5日投票选举结果有效，史英李、张新民当选为西城区第十七届人民代表大会代表。

从国家领导人到普通群众，我国10亿多选民一人一票，同票同权，直接选举产生县乡两级人大代表，占到我国五级人大代表总数的90%以上。人民通过普遍的选举，产生自己的代表，组成各级人民代表大会，代表人民行使国家权力，这是人民当家作主的重要体现，也是把国家和民族的前途命运始终掌握在人民手中的重要方式。

县乡两级人大换届选举，是全国人民政治生活中的一件大事。一个个站点、一个个选区、一个个地方的人大换届选举投票，正是我国最广泛、最真实、最管用的社会主义民主的生动写照，彰显了中国特色社会主义民主政治的显著优势和独特魅力。

华章老师：
这篇新闻中多次罗列具体数字，大家觉得有什么作用呢？

读者留言：

【见微知著】

细致地准备、庄严地投票，差额选举的形式、依法有序地组织……通过一篇新闻，我们一起见证了人大代表换届选举的庄严过程。我们更能从中看到，公开透明的选举制度，是怎样让民主真实落地。该文中记录的只是一个小小的缩影，却已足够成为我国最广泛、最真实、最管用的社会主义民主的生动写照，让我们为社会主义民主倍感自豪。

纵览民主的华章

【叩门引路】 选举村民委员会，有登记参加选举的村民过半数投票，选举有效。那么，少几个选民参与投票可以吗？如果你去问选举委员会的副主任何教授，他一定是反对的！新时代是人民当家作主的时代，人民的民主更要不折不扣地落实，宁可干部多跑几步路，也要让选民都参与进来。

立冬·立春
——波湖谣（节选）

当代 陈世旭

落地生根

　　何谷村的田地在对过湖滩的鲤鱼嘴，几十户人家大都聚居在何谷岛上。岛小，除了巷子就是屋，家家开门临水。何教授退休回来，写了副门联：

明明当湖却曰何谷
面面临水难分谁家

很是贴切。

　　这一届村委会选举委员会，村支书何来庆是当然的主任，副主任公推了何教授。吃过早饭，何来庆带上他那拨人去镇上，有十好几户村民在那里开店的开店，办厂的办厂，打工的打工。之后再去鲤鱼嘴，那里也还有属于何谷村的七八户人家。何教授带的一拨人就在本岛。

　　他们的任务是挨门挨户让选民投票。

　　何谷村的选民虽不多，但分散，想把人头全聚拢了开会选举根本不可能。虽说选民过了半数选举也可以生效，但何教授坚持，

插画 陈慧琴

能做圆满的事为什么不做，不就是我们多走几脚路吗？

　　日头高升，湖面起了烟，村子晒得烘热，石板都有了暖意。门口的竹躺椅上，或者干脆就是门方的石墩上，老倌子刚靠下去不久就响起了鼾声，口涎流得老长。狗也都趴在地上，见了外人最多懒懒地抬一下头就又歪下去。女人都在灶下、菜园或湖边忙着。日头一好，女人就有做不完的事。好几家在兴土木，要抢在年前乔迁，拆老屋的，粉新楼的，一个个灰头土脸，只见眼珠和牙齿。立冬晴，一冬晴；立冬雨，一冬雨。今年老天很讲人情。

华彩：
这里插入一段环境描写，着重描写这年立冬的晴好天气，既为下文家家户户忙碌无暇做了铺垫，也为选举工作的细致开展渲染了气氛。

　　每到一家，跟随的几个就去拢人，把屋前屋后、楼上楼下的拢到一块，听何教授讲要求。有在屋顶揭瓦在楼上粉刷的不肯下来，说谁谁在下面，可以代表我。何教授不听：下来，你不下来我就站在这里等你。谁敢让他老人家等，只有从命。

　　总共是两张票，何教授扬起手上的空白选票，哪怕面前只有两个人，也像是对着一个几十号学生的班级：

华思：
"像是对着一个几十号学生的班级"照应了何教授退休前的教师身份，更写出了他对待选举的郑重与严肃。

　　一张选村民委员会主任，候选人一名，等额；一张选村委会委员，候选人四名，选举两名。两张票每个候选人的名字后面都各有四个框，赞成，反对，弃权，另选人姓名。各人根据自己的决定在一个框里画圈，不可以同时在两个和两个以上的框里画圈，只有反对才可以写另选人姓名，反对一名写一名，不可以多写，可以不写。票进屋去写，写完了折好拿出来，投进这个票箱。票箱是我们选委会共同监制的。等等。

何教授一边说一边比比划划。翻来覆去，不厌其详。总算把票发到写票人手上，人家要进屋写票了，又一把扯住：我真的讲清了？

走了没有几家，何教授的喉咙就哑了，只有让另一个人讲，必须照他讲的一句不少，他在一边盯住人家的嘴，少了一句，马上就做手势：重讲！谁讪笑着想打折扣，他死活不允。一边说话一边眼睛盯定了来接选票的人，一见湿手、泥手、粘了灰拍几下想了事的手，立即拦住，非让洗净擦干了再来。等到写好票的人出来，他摇着手上一张事先折叠好的空白选票让那个人对照，是不是把写好的选票折叠成了他那个标准。他那张是分毫不差地角对角，对折，再对折，这样，一次最多两张选票刚好可以插进票箱口。折得不齐的，想硬塞的，对不起，回屋去，重折，折标准了再来。票箱是他头天当着选委会众人的面一手糊起来的：两只八成新的水果箱，边角和接缝都糊了个严严实实。大家说多余的，还怕选票长脚？他圆睁起眼睛：不糊怎么可以？敞着，怎么能让人相信投进去的选票不多不少？那个投票口留得只有一指长宽，投票必须小心仔细。费事是费事些，保险。

> **华韵：**
> 何教授看到湿手、泥手都让人家洗干净再来，真的很像是对待学生一样，这恰恰体现着他对选举的高度尊重。

何教授面子最大，谁也奈他不何。

华章老师：

何教授为什么要如此严格地确保选举的公正和规范？你认为在选举中还有哪些方面需要特别注意？

读者留言：

【小课堂】我国人大代表选举制度的基本原则有哪些？

1. 普遍性，是指享有选举权和被选举权的公民具有广泛性、普遍性，凡是达到法定年龄的公民都享有选举权和被选举权。因依法被剥夺政治权利而没有选举权和被选举权的人是极少数。

2. 平等性，是指公民在选举中的地位平等，享有同等的选举权。具体来说，就是每一选民在一次选举中都有一个投票权，并且每一张选票的效力相同。

3. 直接选举与间接选举相结合，直接选举是指将代表名额分配到选区，由选区选民直接投票选举产生代表；间接选举是指将代表名额分配到选举单位，由选举单位召开选举会议选举产生代表。我国县乡两级人大代表由直接选举产生，全国、省级、设区的市级的人大代表由间接选举产生。

4. 差额选举，是指代表候选人的人数多于应选代表的名额。

5. 无记名投票，又称秘密选举，即选票上不署投票人的姓名，投票人对代表候选人按照规定的符号表示赞成、反对、弃权，或者另选他人。

【见微知著】

制度的生命力在于执行。何教授事无巨细地解说、不厌其烦地检验、精细周全地思考都是为了让全村选民真正拥有当家作主的权利，让人民当家作主的选举制度切实落地。最广泛人民民主的设计，只有通过执行，才会由纸面变为行动，由形式变为实质，这样全过程人民民主才会变成"最真实"的民主。

纵览民主的华章

【叩门引路】

"乡镇人大工作归根到底要'顶天立地'。顶天，就是坚持党的领导，巩固党的执政地位，贯彻落实党的路线方针政策。立地，就是要为老百姓办事，反映老百姓的呼声，解决老百姓的困难，促进老百姓安居乐业。"在基层工作27年的朱忠华就是这样一个"顶天立地"的人大工作者，他履职尽责的事迹中，无不体现着人民当家作主的民主思想。

落地生根

一名乡镇人大主席履职的二三事

当代 崔清新 李亚彪

他扎根基层27年默默无闻、孜孜不倦。他是村里出了事，干部群众都想找的贴心人。他创造了身患癌症5年，手术3次仍坚持乐观工作的奇迹。他在妻子女儿眼里外表坚强却内心柔软。

他是浙江省临安区板桥镇人大主席朱忠华，在这个岗位上干了10年的他，凭借责任、智慧、执着、爱……把乡镇人大工作开展得有声有色，迸发出普通人身上不凡的光芒，成为全国3万多名乡镇人大主席的楷模和榜样。

他用实践，生动诠释了人民代表大会制度如何在我国基层"生根发芽"；他用法治思维、法治方式展示了一个乡镇人大主席如何通过密切联系人民群众，提高基层工作的能力和水平。

乡镇人大有作为

今年52岁的朱忠华,在乡镇人大工作如何开展方面进行了可贵的探索与创新。

镇里的事情,不是群众最想要的,就会被代表们票决掉——

2014年1月12日,新成立的板桥镇举行一届人大三次会议,镇政府10件实事工程产生的过程,成为许多镇干部难忘的记忆。

会上,代表们对提交会议审议的政府准备今年实施的12项工程进行表决,否决了其中2项,保留了10项,决定在年内实施。

镇人大会议召开前,朱忠华组织代表深入选区、农户,收集到群众感兴趣的项目共35个。后经镇党政联席会议和镇人大主席团会议讨论,确定将其中12项提交会议表决。

按法律规定,乡镇人大可根据国家计划,决定本行政区域内的经济、文化事业和公共事业的建设计划。朱忠华组织实施的政府实事工程票决制,在板桥镇开启了由政府"拿主意"到群众"说了算"的先河。

"乡镇人大票决制,有效解决了人民形式上有权实际无权的问题。"浙江省人大常委会副主任茅临生如是评价。

人大会议上的票决制让代表们感受到自己的作用和责任,接着,朱忠华又在思考:镇人大会议每年只开一至两次,闭会期间人大代表还能做些什么?

经过民主协商,板桥镇人大决定,通过建立代表活动站,组织日常的代表活动,让代表们参与实在的工作,实现依法履职"常态化"。

2013年7月,朱忠华组织30多名市、镇两级人大代表全程走访三口溪、灵溪沿线,每到一处都认真察看水质,实地了解情况,还拿着照相机和小本子，随时把发现的问题记录下来。

然后，他把全镇的河道划分成15个河段，由15名镇人大代表担任"河长"，监督并参与每个河段的水污染治理。

一年后，人们惊喜地发现：过去检查卫生，河道垃圾多得要用拖拉机运送，现在只需要拎个塑料桶就够了。

"过去代表提出议案建议，我们收集上来分到各科室，年前在人大会议上报告一下就完事。"朱忠华说，现在实行代表建议负责制、包干制，把议案建议的办理落实到代表头上，"叫谁去办我不管，就让他们负责，这样人大代表的作用就发挥出来了。"

"正如治水，我们是监督者，也是参与者。老朱要求代表提议案像出考卷一样，既要出题目，也要做题目，提出自己的思考和建议。这样一来，代表履职能力、议案可行性都在提高。"镇人大代表、桃源村党总支书记徐明良感慨。

人大代表是国家权力机关的主体，尊重代表主体地位，提高代表素质，发挥代表作用，是做好人大工作的基础。就是认识到了这一点，在看似不起眼的乡镇人大主席岗位上，朱忠华成了把"冷板凳"坐热的"能人儿"。

法治方式善断事

社会治安综合治理，对于中国许多乡镇干部来说，是件头疼的差事。朱忠华到任之前，板桥镇的综治信访科室曾在镇里考核倒数第二。

2006年，朱忠华就任镇人大主席，同时分管这项"风险大、受气多"的工作。他说，地方组织法赋予乡镇人大的一项职权是"保护公民私人所有的合法财产，维护社会秩序，保障公民的人身权利、民主权利和其他权利"。乡镇人大代表是选民选出来的，人大来做群众工作，是依法履行职权。

2008年夏天，为让家家通上电，板桥镇准备架设的高压线要从几户村民家屋顶上过，村民担心有辐射不同意。市公安、供电、乡政府的人，怕延误工期都来了，准备强行施工，两个村民爬到高压线塔上对峙，以示抗议。

朱忠华见状，和镇党委书记商量说，高温天气，这样下去会出人命的，你们今天先回去，村民的工作由我来做。接着他对塔上的村民喊话："今天为了你们的安全，政府放弃施工，所有人都撤回去。但你们的行为违反了治安管理处罚条例，已经造成经济损失，如果下来，可以考虑不追究，如果不下来，今天造成的所有损失你们都要承担。"

两个村民见对方让步了，商量了一下，最终爬下铁塔。之后，朱忠华向他们介绍高压线无辐射的知识，商量补偿标准等问题，并让他们写好保证书，不再阻挠施工。

没人统计过，朱忠华这几年啃下这样的"硬骨头"有多少，但大家发现，面对矛盾冲突，朱忠华话说得最重，当事方却最听得进，最信服。

如龙村村民梁金炎至今忘不掉2009年八九月间，原本参加镇里体检的朱忠华，突然听说如龙村有村民打着横幅要到市政府讨说法，要求归还30年前水泥厂使用的土地，便放弃体检赶到村里。朱忠华在被百余名村民围堵的情况下，为大家详细讲解政策法规。此后一个多月，朱忠华不分昼夜上门宣讲政策，最终促成厂村达成租赁承包协议。

"处理完这次土地纠纷，朱主席体检查出3公分肝脏癌变。"梁金炎红着眼睛说："他为我们推迟一个多月才体检，早点去查，肿瘤不至于长这么大。"

几年下来，板桥镇的综治信访工作连续三年被临安区评为先进集体，由他亲自或主持调解的上访、信访事件全部实现息诉上访，得到群众一致好评。

"因为干人大工作，对法律相对熟悉。好多基层的矛盾，讲清楚法律规定，大家按统一的标准来做，就能服人。"朱忠华说。

在党的十八届四中全会提出全面推进依法治国基本方略的背景下，朱忠华运用法治思维、法治方式解决实际问题的办法和能力，尤其值得基层干部学习借鉴。

华思： 为什么朱忠华话说得最重，却最能让当事方听得进呢？

华韵：
朱忠华的话"重"不是虚言恫吓，更不是以权压人，而是依法依规、以理服人，体现的是法律的分量，让人信服。

华彩：
他为了给村民普法解难，不分昼夜、不顾身体，讲法更有情，这份动人的责任心也是他的话能让人听进去的根本原因。

落地生根

联系群众有底气

乡镇人大是我国五级人大中的最基层，乡镇人大代表是老百姓直接选举出来的，和群众的关系最密切。人大会不会和百姓打交道，能否真心为群众办事，时间久了，人们心中自然有杆秤。

豆川村是朱忠华负责联系的村子。在他今年5月的工作日志上，记着这些事：

5月16日：商议绿化设计方案，研究堤坝除险加固工程规划，豆川村危旧房改造。

5月20日：豆川村"三改一拆"班子会，变电设施施工，确定镇新门面设计字样。

5月29日：豆川村走访农户。

5月30日：镇里上班。

……

今年，自从临安区开展"走村不漏户、户户见干部"党的群众路线教育实践活动以来，朱忠华在身患癌症的情况下，走访了豆川村384户农户中的100多户。

走访中，他发现52岁的低保户骆祥法与她母亲陈法花，还住在一套解放前建造的四合院里。房子年久失修，顶梁柱多处已被蛀空腐烂，刮风下雨时，屋顶摇摇欲坠，十分危险。而骆祥法因智障丧失劳动能力，86岁的老母尚需人照顾。

朱忠华看在眼里，急在心里。他多次往返于政府和骆祥法家中，最终帮母子俩申请到补助，拆除危房，盖起3间小平房。住上新房后，86岁的陈法花高兴得直拍手，不住地说："共产党好！共产党的干部好！"

临安市委书记张振丰评价说："朱忠华的宗旨观念很强，他走群众路线有感情、做群众工作有经验，没有强烈的责任感是做不到这些的。"

乡镇人大是人民代表大会制度与群众联系的"最后一公里"。朱忠华常常把这样的话挂在嘴边："只有为群众解决问题，干部说话才有人听，办事才有人跟。只要多接地气，和群众打成一片，做起事来心里自然就有底气。"

华章老师：

乡镇人大主席朱忠华的许多事迹，都为我们展示了人民代表大会制度在基层是如何运作的，让制度变得鲜活起来。你能尝试举一个例子加以分析吗？

华思：

朱忠华组织代表提出政府的若干实事工程，并投票表决出10件来完成，这件事就体现了人民代表大会制度对人民权利的保障作用。

读者留言：

落地生根

【见微知著】

这篇通讯精选出一件件"小事"，塑造出基层人大工作者不平凡的形象，也让硬邦邦的法律规定变成鲜活的工作方式。朱忠华创造性地做好基层人大工作，成为这篇稿件的"眼"，透过它，我们可以真切感受到人民代表大会制度对人民权利的保障、感受到人民当家作主落地生根。

【大河论坛】

本模块,我们共同见证了"真实的民主"。当我们将视线转向今天各地的田间地头,常能看到人大代表组织村民带上自家的小板凳,找片树荫或空地围坐下来,围绕着大家身边的要紧事,热热闹闹地聊上甚至是"吵"上个把小时。你喜欢这样的"板凳会议"吗?

互动留言区:

以民:
哇!我之前确实不知道有这样新颖的民主形式。大会堂里的讨论当然庄严肃穆,但田间地头的"板凳会议"也很能体现民主扎根基层、深入群众的特质,能让群众有充分的参与感!

华彩:
让老百姓决定自己的身边事,这也是"人民当家作主"的生动写照呀!即便是"吵"上个把小时,只要是让意见充分地表达出来,也就是让民主真实落地了。

跟帖评论区:

纵览民主的华章

【一叶知春】

治国有常,而利民为本。
　　　　　　　——《淮南子·氾论训》

圣人无常心,以百姓心为心。
　　　　　　　——《老子》

民之归仁也,犹水之就下、兽之走圹也。
　　　　　　　——《孟子》

人主有能以民为务者,则天下归之矣。
　　　　　　　——《吕氏春秋》

香远益清

> 乐民之乐者,民亦乐其乐。
>
> ——《孟子》

> 大家知道单霁翔吗?他自称"故宫看门人",是第十届、十一届、十二届全国政协委员,曾与243位全国政协委员,一起用152件提案为上百件文化遗产保护呼吁和坚守。10年来,政府承办部门对这些提案件件有答复,大多都予以采纳,让政协提案成为推动文化遗产事业发展的有力抓手。从他的故事中,你感受到了怎样的民主力量?
>
> —— 华章老师

以民

> 我回想起曾经看过非物质文化遗产濒临失传的报道,政协提案能够关注我们的传统文化,并用各种建议和措施帮助它们重焕生机,这就是民主的作用了!

为民

> 政协委员们撰写提案的过程也就是在总结文化遗产的内涵与意义,是用书面的形式为我们再现遗产的魅力;而政府的回应与采纳,更是为非遗的保护提供了有力的支撑。事事有着落、件件有回应,民主,就是在一来一往中发挥了实效。

> 是的!正是在大家的共同努力下,截至2024年,中国世界自然遗产、自然与文化双遗产数量均居世界首位。大家还能说一说,在生活中,民主的作用有哪些体现吗?
>
> —— 华章老师

纵览民主的华章

我们的班规是由班委会组织同学们一起商议得来的，这样讨论出来的班规，更能得到大家的认可。在执行的时候，也就更加顺畅。我想这就是民主的作用。

华彩

不仅如此，要制定一个规则，对一个人来说，总是困难的。大家一起讨论，本身就是在集思广益。民主的作用，也体现在团结与合作之中。

华韵

同学们说得很好。当今信息时代，互联网已成为汇集民情、畅通民意、发扬人民民主的新渠道。通过互联网问需于民、问计于民、搭建与人民群众有效沟通的平台如政务网站的"领导留言板"已经成为常态，"十四五"规划编制工作和党的二十大相关工作都开展网上意见征求。在畅所欲言中以民声聚民心，彰显出全过程人民民主的强大生命力。

华章老师

【叩门引路】1978年，小岗村的18位农民率先以按手印的形式实行包产到户，成为中国农村家庭联产承包责任制的先声。而民众自主的背后，也有着民主的政府在支持。时任凤阳县委书记的陈庭元接到汇报，说小岗村出了"问题"，亲自去考察的他有了一些独特的"发现"。而我们所熟知的中国乡村翻天覆地的变化，也正是从这个"发现"开始的。

发现

当代 贾鸿彬

"快！快！勇敢子，快藏起来！干部来了！"

夕阳下，在家后花生地里锄草的徐善珍见陈庭元从吉普车上下来，忙小声地叫道。正在帮着父母锄草的勇敢子扔掉手中的木棍，机警地望了一眼吉普车和下来的人，跳过几垄花生，跳过田埂趴了下来。为了藏得严实，他的小手用力往泥里扣，扣得满头满脸都是汗。2017年10月21日，我在小岗村中水煮鱼餐馆采访勇敢子时，他对这个情节记忆犹新。勇敢子大名叫关正银，当时读小学四年级，放学后，来到地里帮助锄花生的父母拔草。

华思：
妈妈"小声地叫"，孩子"机警地望"、"小手用力往泥里扣"，一连串的动作细节，让我们如临其境，仿佛看到了人物的紧张与不安。

纵览民主的华章

华韵：
开头人们为干部的到来而紧张，结尾干部用实际行动支持他们的变革。前后情节的反差让我们看到了县委书记为民服务的责任和担当。

  这一天是 1979 年 4 月 10 日。时任凤阳县委书记陈庭元秘书的陈怀仁接受我采访时说，他工作日记记载的这一天，是跟随县委书记陈庭元一路从燃灯公社到大溪河公社，再到梨园公社，向公社书记们了解各地贯彻 2 月 20 日县委"四干会"精神落实情况。到梨园公社是下午，在即将离开时，公社书记张明楼犹犹豫豫地说："陈书记，我们发现有个队出了问题。"

  陈庭元问："哪个队？什么问题？"

  张明楼说："是小岗生产队，他们早就把土地分到户干了，我们是最近才发现的。"

  "他们是怎么分的？"

  "他们把土地、农具、耕牛和上缴国家、集体的任务全部分到户，讲穿了，就是单干。"

  陈庭元叹了口气，说："怎么搞的？怎么允许他们单干呢？你们公社过问了没有？"

  张明楼说："我们也是才知道的，已经派人去叫他们拢起来了。"

  陈庭元听说已经派人去要求小岗拢起来，也就没有什么话说，我们就走了。走出了有里把路远，当时是刘明华开车，陈书记说："小刘，调头。"刘明华问："上哪去？"陈书记说："到小岗村看看去。"小岗村就是小岗生产队，一个自然村。小岗多是岗地，陈庭元远远就看到，干活的人都是三三两两的，没有生产队那种大呼隆搞集体生产的。即使是分组干的，一组三五户人家，也应该有将近十个劳力啊。陈庭元说:"乖乖,还真分开了呢!"他一点也不急躁,很平静。

到了离村庄半里路远,有一条干渠,干渠北口有块旱田,有两个人,一男一女,都三十多岁,在干活。4月10日花生出土没有多长时间,正是要锄草松土的时候。陈庭元农村工作经验非常丰富,很会和老百姓打交道。有的干部不会和老百姓谈话,一张口都是让老百姓接不着、答不上来的话。有些时候,干群关系不好,老百姓都不想理你。陈庭元非常在行,有办法,就是让老百姓能搭上话茬子。他张口讲话,叫你好回答。我们往锄花生的两个人那里去。那两个人就停下来,对我们看了下,当时小汽车很少,他们知道来的不是一般的干部。

陈庭元说:"你们锄花生的?"你看这个话可好回答?

"对,锄花生的。"那两个人答。他们好回答,肯定就会回答。

"今年花生长得好啊。"

"长得还不错。"

到了跟前,陈庭元又说:"今年花生长得好,摆棋子一样的,匀匀满满的。种得可多?"

"多!要是让我们像这样干,明年种得还多。"这话里就有话了。像这样干?像什么样干呢?就是包干到户。

陈庭元说:"你们看样子是两口子吧?"

"是两口子。"

"乖乖,看这个架势,你们队里还能分到户干吗?"

那两口子猛吃一惊,显然对这个事情非常敏感,听了这话,连忙说:"不是的,不是的,我们不是分到户的,是分到组干的。"

陈庭元有些疑惑地问:"分到组干的,你们小组怎么就你们两口子干活,其他人呢?"

这一下,这两口子回答不起来了。愣在那里,有些惶恐。但陈庭元心里有数啊，就揣着明白装糊涂，忙搬梯子给他们下。

"哦，我知道了，今天逢集，其他劳动力都赶集去了，就你两口子在这里干活。"

那两口子忙说："对对，他们都赶集去了，就我们在这里干活。"

那两口子马上轻松了。其实，天都下午了，还赶啥集。你看，陈庭元和老百姓打交道是不是很艺术？他这样既了解了真实情况，又不给群众造成压力。这才是真正心里装着群众。

华彩：
这一段对话要不是穿插了作者的评述，我真没想到原来说话也有这么多讲究，让人接得上话、聊得不尴，人家才愿意和你聊啊！

华思：
在当时，"单干"应该是与众不同的，陈庭元书记却不急着指责，反而和他们唠起了家常。陈书记真是关心百姓生活、尊重百姓意见的好干部！

陈怀仁回忆中的这对夫妻是关友申和徐善珍，就是勇敢子关正银的父母，当时是凤阳县梨园公社严岗大队小岗生产队社员，关友申是当年按下红手印的18个带头人之一。2017年10月21日，在他大儿子关正金的小岗梦菜馆，我采访他时，他已是癌症晚期，身体很虚弱，谈到那一天的情景，老人依然很激动。"看他从车子上下来，知道他是个大官，哪知道他是县委书记呢？他真是个好官，说话仁义，问我们是不是分到户干了，我很害怕，哪敢讲实话？人家没有为难我们，一直都是笑嘻嘻的。他那样子，让人感觉很贴心。"

通过现场的观察，加上和关友申夫妇的交谈，陈庭元发现梨园公社书记张明楼所言不虚。在回去的路上，他在车子里颇有感慨地说："乖乖，小岗子的人还真把土地分到户了！"

　　陈怀仁日记，是"红手印"之外最早关于小岗村"大包干"的文字记载。在县级以上的主要领导中，陈庭元是最早发现小岗村实施"大包干"的，对于这件事，他从一开始就是用行动支持的。

华章老师：
陈庭元书记的"发现"引发了他的感慨，读了这篇文章，你又有怎样的感受呢？

由民：
尽管刚开始我就猜到，这篇文章写的是小岗村包产到户的故事，但看到主人公就是按下手印的18个人之一，看到他那么小心翼翼，却又那么义无反顾，我真的被他们敢闯敢试的精神震撼了！

读者留言：

（选自《小岗村40年》）

【故事汇】18枚红手印：见证中国改革的一声惊雷

　　过去的小岗村，因经常闹灾荒，农民大多外出乞讨，村子也成了远近闻名的"三靠村"——吃粮靠返销、用钱靠救济、生产靠贷款。

　　1978年12月的一个冬夜，在一纸分田到户的"秘密契约"上，18位小岗村村民逐一按下鲜红的手印："我们分田到户，每户户主签字盖章，如以后能干，每户保证完成每户的全年上交和公粮，不在（再）向国家伸手要钱要粮。如不成，我们干部作（坐）牢杀头也干（甘）心，大家社员也保证把我们的小孩养活到十八岁。"

这份具有历史意义的"生死契约"，语句既不连贯，也没有标点符号，字迹歪歪扭扭，还有不少错别字。但这18位村民万万没有想到，他们因饥饿而被迫立下的这份"生死契约"，竟成了中国农村改革的第一份宣言书。

包产到户的第二年，小岗村迎来了丰收季，粮食总产量相当于前10余年该村粮食产量总和，人均收入达400元，是前一年的18倍，结束了全村20多年吃国家救济粮的历史。

由这18枚红手印催生的家庭联产承包责任制，充分调动了广大农民的积极性，促进了农业生产的迅速发展，揭开了农村经济改革的序幕，更让我们见到了人民民主的伟大力量。

【见微知著】从这个故事中，我们能够看到小岗精神"改革创新，敢为人先"的内涵，其中，有农民群众自身的创造与奋斗，也有当地干部的支持与担当，而"民主"也就在这不懈地奋斗与勇毅的担当中，落地生根，真实发生。

【叩门引路】 一条马路,车主想停车、店家要摆摊、居民希望干净宽敞,怎么才能寻求利益交集,找到最大"公约数"呢?"社会主义协商民主",就是中国给出的"民主"新答卷。万事来协商,有事好商量。

"有事好商量"

当代 达仁

浙江省杭州市富阳区后周社区,戴家墩路曾是乱哄哄的"马路停车场"。管理多头,利益多元,如何治理?富阳区政协搭建的议事平台发挥了作用,居民、商户、物业以及城管、交警等部门的20多名代表坐在一起,商量着办。各方形成共识,一致行动,让戴家墩路彻底变了样,车辆整齐停放、道路干净整洁。这个协商民主的生动案例受到称赞。

商以求同,协以成事。习近平总书记强调:"在中国社会主义制度下,有事好商量,众人的事情由众人商量,找到全社会意愿和要求的最大公约数,是人民民主的真谛。"广袤中华大地上,社会主义协商民主广泛、多层、制度化发展,协商议政格局更加完善,推动"中国之治"不断迈上新的台阶。"老街坊议事厅""居民智囊团""小院议事厅"等议事平台,让城市社区大事小情得到妥善解决;屋场会、院坝会、坝坝会等创新实践,助力乡村治理众人拾柴火焰高;新时代"枫桥经验"借助互联网搭建起干群交流平台,把问题解决在基层、化解在萌芽状态……实践充分证明,中国式民主在中国行得通、很管用,是维护人民根本利益最广泛、最真实、最管用的民主。

以民：
这一段的语言好有意思，虽然用了排比的修辞手法，却不像我们平时作文一样刻意使用华丽的词语，反倒用了很多俗语和口语。

由民：
这篇文章本身写的就是人民事，也是在向人民做宣传，语言的选择上当然要贴近生活啦！

"推进新时代东北全面振兴""健全种粮农民收益保障机制和主产区利益补偿机制""强化企业科技创新主体地位"……2023年，聚焦"国之大者""民之关切"，全国政协委员积极履职尽责，充分发挥了人才荟萃、智力密集、联系广泛的优势。提出的意见和建议，体现着界别群众的愿望和诉求，凝结着政协委员的智慧和汗水，经由既定的制度和程序，成为决策参考。实践证明，协商民主是党领导人民有效治理国家、保证人民当家作主的重要制度设计，成为我国社会主义民主政治的特有形式和独特优势。

"县级医院综合能力不断加强，但与老百姓需求仍有差距，应加大人才培养力度、完善对公立医院支持政策。"在湖南省耒阳市人民医院门口，全国政协委员、湖南省人民医院常务副院长向华以视频方式参加了全国政协举办的一场远程协商会，并提出了自己的建议。习近平总书记指出："民主不是装饰品，不是用来做摆设的，而是要用来解决人民要解决的问题的。"通过各种途径、各种渠道、各种方式就改革发展稳定重大问题特别是事关人民群众切身利益的问题进行广泛协商，既尊重多数人的意愿，又照顾少数人的合理要求，有助于广纳群言、广集民智，增进共识、增强合力，使各项决策和工作更好顺乎民意、合乎实际。

伴着春天的脚步，2024年全国两会在万众期待中即将拉开帷幕。广纳群言、广谋良策、广聚共识，这场"春天的盛会"必将奏响团结奋斗的雄浑乐章，为以中国式现代化全面推进强国建设、民族复兴伟业凝聚起更为磅礴的力量。

华章老师：
这是一则新闻时评，特别注重选题的针对性、论述的准确性、报道的时效性、评论的政治性，还要注意独特新颖、面向群众。你能挑其中一点，谈谈这篇文章是怎样体现了时评的特点吗？

读者留言：

【小课堂】什么是新闻时评？

新闻时评是对当前发生的事件、问题或趋势进行评论和分析的文章。

1. 主题鲜明：时评通常关注社会热点、政治动态、经济变化、文化现象等具有时效性和争议性的主题。

2. 立场明确：作者需表明自己的观点和立场，可以是支持、反对或中立，但应保持客观和理性。

3. 信息准确：时评基于事实，要求数据、引用和背景信息的准确性和可靠性。

4. 逻辑严密：文章应有清晰的结构，包括引言、论点、论据、分析和结论。

5. 文风适宜：时评的语言通常正式、精炼，避免使用过于口语化或情感化的表达。

6. 观点多元：优秀的时评会考虑不同观点，展现问题的多维度和复杂性。

7. 影响力大：时评旨在促进社会讨论和政策制定。

8. 时效性强：时评需要快速响应最新事件，因此写作和发表速度通常较快。

9. 受众广泛：时评的目标读者是广泛的公众，语言和内容应适应不同层次的读者。

10. 媒体平台多样：时评常见于报纸、杂志、新闻网站、博客等。

新闻时评的写作要求作者具备深厚的知识储备、敏锐的观察力、批判性思维能力和良好的文字表达技巧。

【见微知著】走进一个社区，看见一个国家。这则新闻时评从社区协商民主的生动事例讲起，以小见大，层层深入，让我们领悟到"协商民主是实践全过程人民民主的重要形式"，人民政协是坚持和发展全过程人民民主的重要制度平台。我国用政党协商、人大协商、政府协商、政协协商、人民团体协商、基层协商、社会组织协商等七种协商渠道，构建起中国特色社会主义民主政治中独特的、独有的、独到的"协商民主"形式，极大丰富了民主形式、拓宽了民主渠道、加深了民主内涵，让我们的民主最广泛、最真实、最管用！

【叩门引路】龙须沟是一条排水明沟，曾经因缺乏整治，成了北京最大的一条臭水沟。1950年春，北京市人民政府决定修沟，对龙须沟进行了史上第一次大规模改造。老舍本人也希望就此写写新北京，在了解底层民情之后，创作了三幕话剧《龙须沟》，描写的是北京龙须沟旁一个小杂院的4户人家在社会变革中的不同遭遇，表现了新旧时代两重天的巨大变化。

龙须沟（节选）

现当代 老舍

第三幕
第一场

时间 一九五〇年夏，某一夜的后半夜，天尚未明。

地点 龙须沟地势较高处的一家小茶馆——三元茶馆。

布景 三元茶馆是两间西房，互相通连，冬天在屋里卖茶，夏季在屋外用木棍支着旧席棚，棚下有土台，作为茶桌。旁边放着长方桌，上边有茶壶、茶碗和小酒坛子、酒菜，和少许的低级香烟，另外两三个玻璃缸里面装着一包包的茶叶、花生仁等。

〔幕启：前半夜的雨刚刚止住，还能听得见从破席棚滴下来的滴水声，间有一两声鸡鸣。

〔茶馆的刘掌柜，点着洋油灯在炉旁看看火，看看水壶，又向棚外张望，好像在等待什么人似的。

〔一位警察走向棚来，穿着被水浸透的雨衣，赤脚穿着胶皮鞋，泥已溅满裤腿上，手里拿着电筒。

警察　刘大爷，您多辛苦啦！

掌柜　哪儿的话您哪！

警察　您这儿预备得怎么样啦？

掌柜　都差不离儿啦，等会儿老街坊们来到，准保有热茶喝，有舒服地方坐。

警察　这就好了！所长指示我，教我跟赵大爷说：请他先别挖沟，先招呼着老街坊们到这儿来，免得万一房子塌了，砸伤了人！

掌柜　也就是搁在现而今哪，要是在解放以前，别说下雨，就是淹死、砸死也没人管哪！这可倒好，派出所还给找好了地方，教老街坊们躲躲儿，唯恐怕房子塌了砸死人！

警察　（一边听掌柜的讲话，一边用电筒照那两间西房）可不，这回事啊，也幸亏是大家伙儿出来自动地帮忙，要光靠我们派出所这几个人跟工程队呀，干得也不能这么快！刘大爷，我走啦！回头赵大爷领着老街坊们来，您可多照应点儿！哟！老街坊们来了！（赵老领着一批群众先上）赵大爷！都来了吗？

赵老　来了一拨儿，跟着就都来！

警察　这儿拜托您啦！我帮助挖沟去。（向群众）老街坊们，这儿歇歇儿吧！（下）

赵老　女人、小孩到屋里去！屋里有火，先烤干了脚！（女人、小孩向屋内移动，男人们或立或坐）二春！二春！二春还没来吗？

二春　（从外面应声）来嘹！赵大爷，我来嘹！（跑上，手中提着小包，身上披着破雨衣；放下小包；一边脱雨衣，一边说）

好家伙，差点儿摔了两个好的。……

赵老　别说废话，先干活儿！

二春　干什么？您说！

赵老　先去烧水、沏茶，教大家伙儿热热呼呼地喝一口！然后再多烧水，找个盆，给孩子们烫烫脚，省得招凉生病！

二春　是啦！（提起小包要往屋中走）

〔一青年背着王大妈上，她两手拿着许多东西。

大妈　二春！二春！你在哪儿哪？你就不管你妈了呀？我要是摔死了，你横是连哭都不哭一声！

二春　（向青年）你进来歇歇呀！

青年　还得背人去呢！（跑下）

二春　妈！屋里烤烤去！（接妈手中的东西）

大妈　我不在这儿！（不肯松手东西）

二春　不在这儿，您上哪儿？

大妈　我回家！我忘了把烙铁拿来了！

赵老　大妈，这是瞎胡闹！烙铁不会教水冲了走！您岁数大，得给大家作个好榜样，别再给我们添麻烦！

大妈　唉！（坐下）我早就知道要出漏子！从前，动工破土，不得找黄道吉日吗？现在，好，说动土就动土，也不挑个好日子；龙须沟要是冲撞了龙王爷呀，怎能不发大水！

赵老　二春！做你的去；就让老太太在这儿叨唠吧！

二春　妈，好好地在这儿，别瞎叨唠！现在呀，哪天干活儿，哪天就是黄道吉日，用不着瞧皇历！（入屋中）

华思：

二春办公事时，先迎接别人，后迎接母亲，能以集体为重。她还说"哪天干活儿，哪天就是黄道吉日"，可见，她不迷信、讲科学。

插画 陈慧琴

> **华韵：**
> 关于婚姻，二春妈妈要给她作主，她却有自己的主意和办法。这体现了她作为新时代女性的独立自主。

〔疯子搀着娘子上。

娘子　你撒手我！你是搀我，还是揪我呢？

疯子　好，我撒手！

娘子　赵大爷，我干点什么？

赵老　帮助二春去，她在屋里呢。疯哥，你把东西交给娘子，去做联络员，来回地跑着点。

疯子　好，我能作这点事。真个的，这儿的水够使吗？自来水的钥匙可在咱身上呢！

掌柜　够用，够用！

〔疯子下。

娘子　（看见大妈）哟！老太太，您怎么在这儿坐着，不进去呢？

大妈　我不进去！没事找事儿，非挖沟不可，看，挖出毛病来没有？

娘子　您忘了，每回下大雨不都是这样吗？

赵老　再说，沟修好以后，就永远不再出这样的毛病了！

二春　（在屋门内）赵大爷，娘子，都不必再理她！妈，您老这么不讲理，我可马上就结婚，不侍候着您了！

大妈　哼，不教我相看相看他，你不用想上轿子！

二春　您不是相看过了吗？

大妈　我？见鬼！我多咱看见过他？

二春　刚才背着您的是谁呀？（回到屋内）

大妈　就是他？

赵老娘子　哈哈哈!

娘子　这门亲事算铁了!

大妈　我,我,我斗不过你们!我还是回家!破家值万贯,我不能半夜里坐野茶馆玩!

娘子　算了吧,老太太!这回水并不比从前那些回大,不过呀,政府跟警察呀,唯恐其砸死人,所以把咱们都领到这儿来!得啦,进去歇会儿吧!

二春　(在屋中)快来呀,茶沏好啦!谁来碗热的!

娘子　走吧,喝碗热茶去!(扯大妈往屋中走)

疯子　(在远处喊叫)往这边来,都往这边来!赵大爷,又来了一批!

赵老　(往外跑)这边!这边!

〔又来了一批人,男的较多。

赵老　女的到屋里去!男的把东西放下,丢不了。咱们还得组织一下,多去点人,帮着舀水跟挖沟去吧!不能光教官面上的人受累,咱们在旁边瞧着呀!

众甲　冲着人家这股热心劲儿,咱们应当回去帮忙!

赵老　这话说得对!有我跟刘掌柜的在这儿,放心,人也丢不了,东西也丢不了。我说,四十岁以上的去舀水,四十以下的去挖沟,合适不合适?

众乙　就这么办啦!

众人　咱们走哇!(下)

〔丁四嫂独自跑上。

四嫂　赵大爷,赵大爷,没看见二嘎子呀?

赵老　没有!他那么大了,丢不了!

四嫂　这孩子,永远不教大人放心!

赵老　丁四呢？

四嫂　他挖沟去了！

赵老　好小子！他算有了进步！

四嫂　有了进步？哼！您等着瞧！他在外面受了累回来，我的罪过可大啦！他横挑鼻子竖挑眼，倒好像他立下汗马功劳，得由我跪接跪送才对！

> **为民：**
> 就像四嫂说的，丁四每次回家："倒好像他立下汗马功劳，得由我跪接跪送才对！"这说明他其实很为能参与修沟而感到自豪，他的抱怨更像是在邀功。

赵老　就对付着点吧！你受点委屈，将就将就他。不管怎么说，他现在总是为人民服务哪，还真卖力气，也怪难为他的！

娘子　（在屋门口叫）四嫂，进来，喝口水，赶赶寒气儿！

四嫂　娘子，你给我照应着东西，我得找二嘎子去！好家伙，他可别再跟小妞子似的……（下）

〔疯子跑进来。

疯子　丁四哥回来了！

〔丁四扛着铁锹，满身泥垢，疲惫地从外边来。

赵老　四爷，回来啊？

丁四　快累死了，还不回来？

疯子　四哥，沟怎样啦？

丁四　快挖通了！（坐）

娘子　（端茶来）四哥，先喝口热的！（让别人）

大妈　（出来）丁四，到底是怎么一回事呀？水下去没有？屋子塌了没有？咱们什么时候能回去？他们真把东西都搬到炕上去了吗？

二春　（出来）妈！妈！您一问就问一大车事呀！四哥累了半夜了，您教他歇会儿！

大妈　我不再出声，只当我没长着嘴，行不行？

丁四　别吵喽！有人心的，给我弄点水，洗洗脚！

二春　我去！我去！（入屋）

丁四　（打哈欠）赵大爷！

赵老　啊！怎样？

丁四　自从一修沟，我就听您的话，跟着做工。政府对得起咱们，咱们也要对得起政府。话是这么讲不是？

以民：

丁四虽然在抱怨，却也说："政府对得起咱们，咱们也要对得起政府。"可见他是有觉悟的，是想清楚了道理，自觉主动地参与进来的。

赵老　对！你有功！政府给咱们修沟，你年轻轻的还不出一膀子力气？

丁四　可是，我苦干一天，晚上还教水泡着，泥人还有个土性儿，我受不了！我不干啦！我还去拉车，躲开这个臭地方！

二春　（端水来）四哥，先烫烫脚！

丁四　（放脚在盆内）我不干了！

二春　不干什么呀？

疯子　四哥！四哥！来，我给你洗脚，你去修沟，你跟政府一样的好，我愿意给你洗脚。赵大爷常说，为大家干活儿的都是好汉。四哥，你是好汉，我愿意侍候你，你也知道，我不是那种低三下四的人！

娘子　四哥，疯子常犯糊涂，这回可做对了！教他给你洗！

丁四　疯哥，那不行！不敢当！

〔四嫂跑进来。

四嫂　那可不能！疯哥，起开，我给他洗！（蹲下给他洗）

丁四　你干什么去啦？

四嫂　我找二嘎子去啦。找了七开八得，也找不着他！

丁四　对，再把儿子丢了，够多么好啊！我是得躲开这块倒霉的地方！这个地方不出好事！

四嫂　你又来了不是？你是困了，累了，闹脾气。洗完了，我给你找个地方，睡会儿觉！二嘎子丢不了，他那么大了。

赵老　丁四，你现在为大家伙儿挖沟，大家伙儿谁不伸大拇哥，说你好！

丁四　是吗，脚都快泡烂了，还不说我好！

〔一警察背着二嘎子进来，二嘎子已睡着了。

四嫂　（迎过去）二嘎子，你上哪儿去喽？

警察　他是好心，跟着我跑了半夜。现在，他已经睁不开眼，我把他背回来啦。

二嘎　（睁开眼，下来）妈！我可困得不行了！

〔四嫂携二嘎子入屋中。

警察　赵大爷，辛苦啦！这儿都顺序？

赵老　挺好！你先喝碗水吧，也累得够瞧的啦！

二春　来，您喝碗！（递茶）

警察　谢谢二姑娘，你也卖了力气！王大妈，您受屈啦！

大妈　我受屈不受屈的，到底这都是怎回事呢？

警察　待会儿我再跟您说。疯哥，娘子，你们也辛苦啦！

娘子　您才真受了累！疯子今天也不错，作联络员！

警察　丁四哥，这一夜可够你受的！

赵老　哼，老四正闹脾气！又是什么还拉车去，不管咱们的臭事儿喽！

丁四　赵大爷，赵大爷，那是刚才，现在我又好啦！同志，就凭您亲自把二嘎子背回来，您教我干吗，我干吗！什么话呢，咱们都是外场人，不能一面理，耍老娘儿们脾气！

二春　女人，我们女人并不像你，一会儿明白，一会儿糊涂！

警察　得，得，先别拌嘴！丁四，你找个地方睡会儿去！

丁四　这儿就好，打个盹儿就行！

二春　可倒好，说不闹脾气，就比谁都顺溜！

〔刚才走出去的男人们回来一部分。

警察　辛苦了，诸位！沟挖通了？

众人　通啦！

警察　屋里还有人吧？

二春　有，孩子跟妇女。

警察　别惊动小孩子，大人愿意听听的，可以请出来。

二春　我去。（跑到屋门口叫大家）

警察　老街坊们！

〔众妇人，四嫂在内，随二春出来。

警察　老街坊们！都请坐！请赵大爷说说，因为夜里的事儿，有人知道，有人还不大清楚。（众有立有坐）赵大爷，说说吧！

赵老　你也坐下吧！你也干了半夜啦！

警察　行，站着好。

赵老　老街坊们，修沟的计划是先修一道暗沟；把暗沟修好，再填上那条老的明沟。这个，诸位都知道。

众人　知道。

赵老　刚一修沟的时候，工程处就想得很周到，下边用板子顶住沟梆子，上边用柱子戗住了墙，省得下面的土一松，屋子跟墙就许垮架；咱们这溜儿的房子都不大结实。这个，大家也都知道。

众人　知道。

赵老　可是，连这么留神哪，还出了昨儿夜里的毛病！第一是：谁也没有想到这么早就能下瓢泼瓦灌的暴雨。第二是：正在新沟跟旧沟接口的地方，新挖出来的土一时措手不及抬走，可就堵住了旧沟。这么一来，大家可受了惊，受了委屈，受了损失。区政府里，公安局里都觉得对不起咱们。刚才，连区长带别的首长，全都听到信儿就赶到了；区长亲自往外背人，抢救东西。派出所所长，现在还在给大家往外舀水呢。诸位有什么话，尽管说，待会儿好转告诉区长、所长。

〔众人无语。

警察　有话就说吧，好话歹话都可以说，咱们是一家人！

二春　要依我看哪……

大妈　二春！这儿有的是人，你占什么先，姑娘人家的！

二春　好，您要有话，您就说！

〔大妈不语。

赵老　大妈说呀！现在的警察愿意听咱们的话。

大妈　我没的说，要说呀，我只说这一句：下回再下雨呀，甭教我出来！半夜三更的实在可怕！

警察　区长、所长是怕屋子塌了，砸死人哪！老太太！

众甲　要不挖那道暗沟，不是没有这回事了吗？

二春　你说的是糊涂话！

众甲　这儿不是谁都可以说话吗？

二春　可也不能说糊涂话！不修暗沟！怎么能填平了明沟！不弄没了明沟，咱们这里几儿个才能不脏不臭？你说！

娘子　再说——

众乙　喝！娘子军！

〔众人笑。

娘子　再说：去年、前年，年年哪回下大雨，不淹起咱们来？可是，淹死，砸死，有谁管过咱们？咱们凭良心说话，这回并不比往年那些回淹得苦，可是连区长都上头淋着，下头蹚着，来救咱们，咱们得谢谢他们！

四嫂　我不管别的，只说说我的那口子，（指伏桌睡的丁四）要不是因为修咱们的沟，他能变成工人，给大家伙做点事吗？赶明儿个，沟修好了，有多么棒呢！

二春　说得好！四嫂！

〔众人鼓掌。

警察　赵大爷，您再说两句吧！

众人　赵大爷多说说！

赵老　好吧，我再说几句吧。政府不修王府井大街，不修西单牌楼，可先给咱们修沟，这实在是件了不起的事。修沟出了点毛病，政府又这么关心我们，我活六十多岁了，没有见过！再者，沟修好了以后，不是就永远不出毛病了吗？人心都在人心上，政府爱我们，我们也得爱政府。是不是呀？诸位？

众人　赵大爷说得对！

疯子　要没这回事，咱们还不知道政府这么好呢！

警察　我补充一两句：这回事儿还算好，没有伤了人。大家的东西呢，来得及的我们都给搬到炕上去了。现在，雨住了，天也亮了，大家愿意回家看看去呢，就去；愿意先歇会儿再去呢，西边咱们包了两所小店儿，大家随便用。

赵老　到家里看看，要是没法儿歇歇睡会儿，还可以到店里去。是这样不是？

> **以民：**
> 这场会议，向心里有不满的街坊，开诚布公地解释了修沟的意义。齐心协力办大事，用民主的力量把事情办好！

警察　对！西边的联升店跟天成店。二春姑娘，你招呼着姑娘老太太们到联升店去。赵大爷，您带着男同志们到天成店去。

二春　妈、娘子、四嫂、诸位，咱们走哇！

娘子　我去拿东西。（入屋中，几位妇人随着）

四嫂　（同二嘎出来）这位爷（指丁四）还睡哪。顶好别惊动他，就让他睡下去吧。（给他披上一件衣服）

二春　妈，走哇！

大妈　一辈子没住过店，我不去！我回家！

二春　屋里还有水呢！

大妈　在家里蹚着水也是好的！

二春　成心捣乱！妈！您可真够瞧的！

四嫂　二嘎子，你送王奶奶去！到家要是不能住脚，就搀她老人家到店里来，听见了没有？给王奶奶拿着东西！

二嘎　王奶奶，我要是走得快，您可别骂我！

大妈　我几儿骂过人？小泥鬼儿！

警察　王大妈，您走哇？慢着点，地上怪滑的！

大妈　（回首）久住龙须沟，走道儿还会不知道怎么留神？

二春　（对妇女们）咱们走吧？

众人　走！同志，替我们给区长、所长道谢！（往外走）

赵老　（对男人们）咱们也走吧？

众甲　咱们给挖沟的弟兄们喊个好！

众人　（连没走净的妇女一齐喊）好！好！

——第一场终

【见微知著】 作为话剧《龙须沟》故事原型的北京龙须沟，曾经每年有9个月都散发着让人难以忍受的恶臭。能在中华人民共和国成立之初，优先修整影响百姓生活的臭水沟，体现了政府心系百姓、服务人民的责任与担当；而当咱们的人民政府要开始修沟时，乡里乡亲们都自觉主动地站了出来，积极参与整治这一条困扰自己多年的龙须沟，则反映出了人民的主观能动性。在新的时代里，民主的力量唤醒了二春、丁四，而他们不会是个例，他们的奋发与努力也会感染、带动无数人。

香远益清

【叩门引路】 诸葛亮的"隆中对"为蜀汉的创立奠定了基石，而中国共产党历史上也有一则著名的"窑洞对"。面对民主人士黄炎培如何跳出"其兴也勃焉，其亡也忽焉"的历史周期率的提问，毛泽东主席以"民主"作答。往事历历，今朝熠熠，民主的力量一直帮助着中国共产党走过漫漫征程，奔赴美好明天！

"历史周期率"与"延安窑洞对话"（节选）

当代 薛鑫良

1945年7月4日，毛泽东在延安杨家岭住处的窑洞里，与黄炎培（时任国民参政会参政员等职）进行了关于"历史周期率"的谈话，成为党史上著名的"延安窑洞对话"。

2012年12月24日和25日，习近平总书记在走访各民主党派中央和全国工商联时明确指出，这次对话至今对中国共产党都是很好的鞭策和警示，并强调"物必先腐，而后虫生"。

………

深谋远虑的对话

1945年7月1日，一架飞机由重庆飞抵陕北延安；乘客中有黄炎培等六位国民参政员。毛泽东、朱德、周恩来等中共中央领导人到机场迎接。时年67岁的黄炎培读过美国记者埃德加·斯诺撰写的《西行漫记》《毛泽东自传》等书籍。俩人心仪已久，这次在延安可谓一见如故。

黄炎培等人在延安访问了五天，与毛泽东等人进行了三次共十多个小时的会谈。双方形成了《中共代表与褚辅成、黄炎培等六参政员延安会谈记录》，包括向国民党政府提出"从速召开政治会议"等内容。

7月4日下午，毛泽东与黄炎培彼此推心置腹，肝胆相照，畅所欲言，谈古论今。

黄炎培熟谙历史，又有丰富阅历。他在延安亲身感受到了一种与重庆截然不同的清新气象。同时，黄炎培在心中又有一团疑虑——中国的历史有一种可怕的周期率，一种使人堕落、使物变质、使时间逆转的无形的支配力。他坦诚地说：我生六十多年，耳闻的不说，所亲眼看到的，真所谓"其兴也勃焉，其亡也忽焉"。一人、一家、一团体、一政党、一地方乃至一国，不少都没有能够跳出这个周期率的支配力。大凡初起之时，都是艰难困苦，聚精会神，没有一事不用心，没有一人不卖力，力求从万死中求得一生，因而无不显得生气勃勃、气象一新。及至环境渐渐好转了，精神也就渐渐放下了。有的因为历时长久，自然地惰性发作，由少数演变为多数，到风气养成，虽有大力也无法扭转，并且无法补救。一部历史，或政怠宦成，或人亡政息，或求荣取辱，总之没有跳出这个历史周期率。……国民党初起时，不也是一个万众瞩目的革命政党嘛！共产党会不会重蹈前人的覆辙？希望贵党能够找出一条新路，跳出这个历史周期率的支配。

黄炎培的一番话，使毛泽东颇有"心潮逐浪高"的感受。他坦然回答说：正所谓"君子之泽，五世而斩""富贵不佐三代"，也包含了先生你讲的这些道理。我们共产党已经找到了新路，能够跳出这个历史周期率。这条新路，就是民主。只有让人民来监督政府，政府才不敢松懈；只有人人起来负责，才不会人亡政息。

黄炎培听罢，点头表示赞同。当时，国民党统治者把共产党宣传为"一群青面獠牙、十恶不赦的人"。黄炎培等六位国民参政员，这次到延安看到的却是"只见公仆不见官"的景象："一没有贪官污吏，二没有土豪劣绅，三没有赌博，四没有娼妓，五没有叫花子，六没有小老婆，七没有结党营私之徒，八没有萎靡不振之气，九没有人吃磨擦饭，十没有人发国难财"。这"十个没有"的清正气象，与他们在重庆等地看到的国民党统治者"一句真话不讲，两面做人不羞，三民主义不顾，四处开会不绝，五院兼职不少，六法全书不问，七情感应不灵，八圈麻将不够，九流三教不拒，十目所视不怕"的腐败现象，形成了鲜明的对比和巨大的反差。

1945年8月10日，黄炎培在重庆出版了自己著述的《延安归来》。他在书中写道："延安五日中间所看到的，当然是距离我理想相当近的。""我认为中共朋友最可贵的精神，倒是不断地要好，不断地追求进步。这种精神充分发挥出来，前途希望是无限的。"有人劝阻他不要著书为共产党做宣传，以免遭受人身危险。他说："我只是用朴素的写真笔法写出所见所闻所谈，决不加以渲染。共产党确实一心一意为人民服务，事实胜于雄辩，我黄炎培不作违心之论。"

华章老师： 是什么让黄炎培先生不顾劝阻，毅然为共产党做宣传呢？

华思：
在延安，黄先生问得深刻，毛主席答得恰切，尤其是延安风气与当时国民党统治下的腐败情景形成了鲜明的对比。不难想见，这"十个没有"正是来自民主的力量。也正是因为如此，黄炎培自觉地为中共积极宣传！

民主政治的硕果

毛泽东为什么说"共产党已经找到了新路"呢？这就要从延安时期（1935年10月至1948年3月）毛泽东闻骂"罪己"、党中央知错即改、共产党"其兴也勃焉"的史实说起。1941年夏天，毛泽东先后两次受到了农民"恶毒的咒骂"。当时，天空响雷，地上触电，两次劈死了两个人。第一次，一个农民骂"老天爷不开眼，为什么不劈死毛泽东"；第二次，农妇伍兰花骂"世道不好，共产党黑暗，毛泽东领导官僚横行"。保卫部门要逮捕这两个"反革命"，并把伍兰花从清涧县拘押到延安城，建议判处死刑，报陕甘宁边区高等法院公审以后就枪毙，以此来稳定社会局势。

毛泽东闻讯以后，两次阻止了保卫部门的行动，并严厉批评了他们的错误观念。他说：群众发牢骚、讲怪话，说明我们的政策和工作有毛病。不要一听到群众有议论，讲了几句尖锐一点的难听话，就去追查，就进行打击压制。这种做法实际上是软弱的表现，是神经衰弱的表现。我们是共产党人，无论如何不要造成同群众对立的局面，这是一个必须坚持的根本原则。党群关系就像鱼水关系。

毛泽东还把伍兰花请到自己的住处，面对面地了解到"咒骂"的原因：一是农民负担太重；二是个别干部作风败坏；三是伍兰花丈夫触电身亡，家里还有七十岁的瘫痪婆婆和三个未成年的孩子。因此，又悲又愤有怨气。毛泽东嘱咐保卫部门负责人：马上派专人把伍兰花护送回家，还要带上公文，向当地政府讲清楚，她没有什么罪过，而是敢提意见的好人，并按困难户给予照顾。

伍兰花回村以后,"先抓,后放"的消息不翼而飞,传遍各地。乡亲们说:古人讲,宰相肚里撑大船,毛主席、共产党太厉害啦!得民心者得天下啊!

毛泽东从群众的民怨骂声中深刻自省,举一反三;并与中央领导同志深入调查,发现"确实公粮(农业税)太多,加重了农民的负担"。陕甘宁边区政府向农民征收的公粮,由1937年1万石(1石约300斤),增加至1941年的20万石。其重要原因,就是机构膨胀,出现了"食之者众,生之者寡"的严重矛盾,1941年的脱产人员总数,竟相当于1937年9月的5倍。

在调查研究的基础上,毛泽东和党中央果断地采取了一系列措施和行动,在根据地和解放区推行民主,汲取民意,保障民权,改善民生,节制民劳,争取民心。例如,实行精兵简政;开展整风运动和大生产运动;创建"三三制"民主政权;切实减轻人民负担;坚决防治干部腐败(制定和实施《陕甘宁边区惩治贪污暂行条例》等法规。清涧县张家畔税务分局局长肖玉璧,是1933年参加革命的红军战斗英雄,全身负伤90多处,但蜕化变质,贪污3050元。陕甘宁边区高等法院坚持"功不抵罪、罪不否功"的原则,于1941年12月底依法对肖执行死刑)……在党的七大期间,毛泽东又先后四次作自我批评,检讨加重农民负担的问题;并在大会的政治报告中强调指出:"有无认真的自我批评,也是我们和其他政党互相区别的显著的标志之一。"

"水可载舟,水可覆舟。"到1948年3月23日,毛泽东、周恩来、任弼时率领中共中央机关离开陕北、进入华北的时候,党员队伍已经发展壮大至约290万人,人民军队约240万人,根据地民兵约300万人。

华章老师：

这一段中，作者列举了许多史实，让我们真切感受到了中国共产党因民主而兴的历史。回顾这段历史，我们能看到自省的态度、务实的作风、严明的纪律……你对文中哪一件事情最有感触呢？不妨谈谈你的感受。

读者留言：

居安思危的考问

星移斗转，人间沧桑。七十多年过去了，两位政治家的"延安窑洞对话"言犹在耳、振聋发聩。"共产党会不会重蹈前人的覆辙"的考问，留给我们这一代共产党人诸多的思考和警示。昭示我们必须大力恢复和发扬党的优良作风，大力建设和发展社会主义民主政治。

党的十八大以来，习近平总书记反复强调："党的根本宗旨是全心全意为人民服务，接受组织和人民监督天经地义。""没有监督的权力必然导致腐败，这是一条铁律。"全面深化改革，"自己改自己，刀子很难切下去。""要继续加强民主监督。对中国共产党而言，要容得下尖锐批评，做到有则改之，无则加勉。"

必须增强忧患意识和责任意识，常怀忧党之心、恪尽兴党之责；既要防止"棒杀"，更要防止"捧杀"。构建良好政治新生态。全心全意地为人民服务，不"为人民币服务"；不折不扣地向人民负责，不"唯上、唯书"；真心实意地让人民作主，不搞

"衙门作风";自觉自愿地受人民监督,不搞特殊化。只有这样,才能跳出"历史周期率",不忘初心,继续前进。

华章老师:
作者不局限于历史,而能联系当今,带领我们一起回顾初心使命,点燃民主的激情。

（选自《学习时报》2016年8月15日第4版）

【见微知著】"这条新路,就是民主"是共产党人掷地有声的民主声音;闻骂"罪己",自我批评,是共产党人求真务实的民主作风;不忘初心、牢记使命,则是共产党人在今天坚持践行的理念与信仰。以民主突破历史周期率的回答,在今天依然振聋发聩,回响不绝。

【大河论坛】

在本模块中，我们看到民主在各个层面发挥作用，民主带来了社会风气的好转；民主增进了"有事好商量"的互信；民主让龙须沟的街坊团结一致，解决了困扰生活多年的大难题；民主让小岗村的人民收获信心，也带动了全中国的农村经济改革，拉开了我国改革开放的帷幕。你觉得"好"的民主应该是什么样的呢？

互动留言区：

香远益清

以民：

"好的民主"，首先会表现在人民的笑脸上。民主让人民正当地行使权力，让人民感到幸福与快乐。相比于专制社会的压迫，民主的社会总是让人们更加放心、更加自信地面对生活。

为民：

"好的民主"，还应该体现在民众的努力上。人人都喜欢好东西，好东西能够解决我们的实际问题，"好的民主"也会让人民更乐于去用，去行使权利，去主动争取。

跟帖评论区：

【一叶知春】

民陷水火,如己陷水火。
——元·张养浩《为政忠告》

非甚不便于民,且莫妄更;非大有益于民,切莫轻举。
——清·金缨《格言联璧》

民为邦本,未有本摇而枝叶不动者。
——宋·苏舜钦《诣匦疏》

政之所兴,在顺民心;政之所废,在逆民心。
——《管子》